T0110055

Printed in the United States
By Bookmasters

سلسلة طرائق التدريس (٢)

مناهج اللغة العربية وطرق تدريسها

الدكتورة

هدى علي جواد الشمري

دكتوراه في طرق تدريس التربية الإسلامية

الأستاذ الدكتور

سعدون محمود الساموك

كلية الشريعة / الجامعة الأردنية

دار وائــل للنشر

الطبعة الأولى

٢٠٠٥

رقم الايداع لدى دائرة المكتبة الوطنية : (٢٠٠٤/١٢/٢٨٧٣)
٣٧١،٣
الشمري ، هدى
مناهج اللغة العربية وطرق تدريسها / هدى الشمري، سعدون محمود الساموك .
- عمان ، دار وائل ٢٠٠٥
(٢٦٨) ص
ر.إ. : (٢٠٠٤/١٢/٢٨٧٣)
الواصفات: أساليب التدريس / المقررات الدراسية/اللغة العربية/طرق التعلم
* تم إعداد بيانات الفهرسة والتصنيف الأولية من قبل دائرة المكتبة الوطنية

ISBN ٩٩٥٧-١١-٤٦٥-٤ (ردمك)

* مناهج اللغة العربية وطرق تدريسها
* الدكتور هدى الشمري - الاستاذ الدكتور سعدون الساموك
* الطبعـة الأولى ٢٠٠٥
* جميع الحقوق محفوظة للناشر

دار وائـل للنشر والتوزيع

* الأردن - عمان - شارع الجمعية العلمية الملكية - مبنى الجامعة الاردنية الاستثماري رقم (٢) الطابق الثاني
هـاتف : ٠٠٩٦٢-٦-٥٣٣٨٤١٠ - فاكس : ٠٠٩٦٢-٦-٥٣٣١٦٦١ - ص. ب (١٦١٥ - الجبيهة)
* الأردن - عمـان - وسـط البـلد - مجمـع الفحيص التجـاري- هـاتف: ٠٠٩٦٢-٦-٤٦٢٧٦٢٧
www.darwael.com
E-Mail: Wael@Darwael.Com

تنغيذ وطباعة برجي بيروت-لبنان-تلفاكس: ٠٠٩٦١١٢٧٢٢٢٥ خليوي:٠٠٩٦١٣/٣١٢١٢٤-٣٣٤٦٤٨

الإهداء

إلى ....

رسل الفصاحة ، والذائدين عن

لغة القرآن أساتذة العربية

ومعلميها وطلبتها

.... هذا الجهد

المؤلفان

شكر وتقدير

لا يسعنا ونحن نخط كلمات الكتاب الأخيرة إلا أن

نقدم شكرنا الجزيل لكل من وقف معنا مؤازراً ومقدماً

العون والمساعدة

نخص من بينهم الأستاذ الدكتور

طه علي حسين الدليمي

فجزاهم الله عنا كل خير

المؤلفان

المقدمـــة

اهتم الإنسان منذ ظهوره والأمم على اختلافها من بعده على تربية أبنـائهم، وعنـد تطـور الظـروف الإنسانية وتأسيس الدول والاقاليم، انشئت المدارس وانشئت معها المدارس والأساليب المختلفة التي تخـدم أهدافها في التربية وكانت الصين وفارس واليونان من أوائل من نشر هذه المدارس، بل إن دراستها الفلسفية كانت قمة التطور العلمي في حينها. وقد اهتم العرب بعد الإسلام بالمدارس أيضـاً ، وبـدأت المدرسـة تأخـذ شكل الحلقات في الجوامع وفي المؤسسات المدرسية والجامعية بعد ظهور الإسلام بزمن يسير . وقـد اسـتفاد العرب من كل المدارس العالمية ، الصينية والهندية والفارسية واليونانيـة، بحيـث جعلـوا دروسـها وأفكارهـا وعلومها موادَّ مقارنة بما نزل عليهم من ذخيرة عظمى في الإسلام الحنيف ، إذ إن الإسلام نفسه لم يحـتج إلى تلك المدارس والفلسفات ليطور نفسه، فقد نزل كـاملاً شـاملاً لكـن لـه أبعـاده العالميـة "ومـا أرسـلناك إلا رحمة للعالمين " ليتأقلم مع الأفكار التي سبقته في إنشاء المدارس ، فأخذ منها أفكارها التي لا تتعـارض مـع عقيدته ولا مع سياقاته ، ليدرسها أبناؤه بصورة مقارنة، لتحقيق ما أراده الرسـول صـلى الله عليـه وسـلم في قوله " من تعلم لغة قوم أمن بأسهم " ، وما اللغة إلا واحدة من تلك الأفكار .

لقد ظهـرت مـدارس كثـيرة في الأنـدلس وفي المغـرب وفي تـونس وفي مصر وفي الشـام وفي العـراق ، واشتهرت من بينها مدرسة الزيتونة في تونس، والأزهر في مصر والمستنصرـية في بغـداد، وكـذلك النظاميـة ومدارس دمشق وغيرها. وكان لهذه المدارس الأثر الكبير في نشر الفكر الإسلامي ، ونشوء الفلسفة الإسلامية وظهور العلوم المختلفة، وبخاصة علوم الشريعة من فقه وتفسير وحديث وسيرة وعقيدة وغير ذلك .

ولم تكن المكتبات إلا واحدة من روافد المدارس الإسلامية في مشارق الارض ومغاربها ، كانت قد سبقتها إلى الظهور مدرسة الاسكندرية في مصر ، ثم تأسست مكتبات إسلامية في كل مكان، وكان التأليف في الكتب ظاهرة مشرقة في تاريخ الإسلام، فلم تخل مدينة من المدن الإسلامية من الأندلس وإلى حدود الصين إلا وامتلأت خزائنها بكتب المسلمين في العلوم المختلفة، كعلوم الشريعة والآداب والفلسفة والطب والكيمياء والسيمياء وعلوم الفلك .

وعندما دخل هولاكو إلى بغداد قيل بأن دجلة قد سالت حبراً لما رُمي بها من كتب ، وعلى الرغم من ذلك فإن الكتب الإسلامية تملأ خزانات المستشرقين ودوائرهم الاستشراقية والمكتبات التراثية الإسلامية في كل مكان .

وقد امتلأت كتب التربية الإسلامية بطرق تدريس العلوم الشرعية وأساليبها المختلفة، التي ما زالت كتبنا التربوية تتحدث عنها إلى اليوم . وكان نصيب اللغة العربية كبيراً، إذ إن اللغة العربية تتشعب إلى وحدات كثيرة. فالإملاء والنحو والأدب والشعر والتعبير أخذت مسيرتها في التعليم والتطوير ، خاصة وأن الأدب والشعر ديوان العرب كما يقال ، أي أنه لازم الأمة العربية منذ ظهورها ولم يهملها الإسلام ، فقد شجع الإسلام الشعراء (الذين يعملون الصالحات) أن ينظموا في مختلف الأهداف ، في مدح الرسول صلى الله عليه وسلم وفي الدعوة وفي هجاء الكفار وهجاء الأعداء، وفي التحريض على الجهاد وصيانة الأعراض، وغير ذلك من الأمور .

ونتيجة تغير الظروف في الوقت الحاضر، وانقسام الأمة العربية والإسلامية إلى دول كثيرة ، وإنشاء وزارات كثيرة للتربية والتعليم ، فإن اللغة العربية رافقت كل دولة وكل وزارة وكل الأهداف التي تصنفها ، إذ إن اللغة العربية هي لغة الأمة، وان المحافظة عليها ودراستها وتطويرها اصبح هدفاً تعمل المؤسسات الثقافية على تحقيقه. وما زالت اللغة العربية وعلومها تحتل أكثر الحصص الدراسية في المدارس الأساسية والثانوية في كل أقطار الأمة العربية ، وما زالت هي اللغة

التي تدرس في كل الأقطار الإسلامية بصورة تهدف إلى تدريس القرآن الكريم، والمحافظة على تراث الإسلام الحنيف .

لقد كان للغة العربية الأثر الكبير في التربية وفلسفتها ويحاول المؤلفان هنا أن يعكسا تأثير العربية على كل الجوانب التربوية ، فهناك فلسفة إسلامية تؤدي العربية أثراً كبيراً في تشكلها . وهنالك كفايات لمدرس اللغة العربية ، إذ كان معلم العربية لا يقرب منها الا اذا توافرت تلك الكفايات، وهناك تأكيد على المحتوى حين تدريس اللغة، وهناك أهداف لتدريسها، وأول هذه الأهداف ، محو الأمية وتعليم الناس القرآن وعلوم الشريعة، ومن بعدها العلوم التخصصية الأخرى.

وكان المسلمون يأخذون بالطرق المختلفة في تدريس العربية وعلوم الشريعة الأخرى ، إذ إن اللغة العربية رافدها الأكبر . فطرق التدريس المختلفة ليست بالطرق الجديدة على أمة كانت قد سبقت كل أمم العالم في الثقافة، وفتح المدارس، وتخريج الشيوخ في الاختصاصات المختلفة ، وكذلك في أمة لها من الكتب ما تغرق به مكتبات العالم كلها ، وما زالت تلك الكتب وكثير منها في مجال اللغة العربية لم تحقق ولم تنشر إلى الآن .

وسنقوم في الصفحات التالية بتفصيل عام لما يحتاجه مدرس اللغة العربية من معرفة بالوحدات المكملة لمادة المناهج وطرق التدريس، نرجو أن يستفيد منها الطلبة الأعزاء .

وفي الختام نأمل أن نكون قد وفقنا في اختيار فصول الكتاب ، ومن ثم الدخول في عرض المواد التي تدرس وفق الطرق التي ذكرناها في الوحدة الأخيرة من هذا الكتاب ، والله الموفق

المؤلفان

الوحدة الأولى

اللغة العربية وفروعها

مفهوم اللغة

اللغة هي الأداة التي يفكر بها الإنسان ، والتي يستطيع بها أن يصل إلى أفكار الآخرين ، أن يفهمهم وأن يفهموه ، وهي الأداة التي يعرف الناس كنه الإنسان من خلالها ، فهي مجموعة مترابطة من الكلمات ، من الأصوات المتفق عليها كمُفردات ، وهي التراكيب والألفاظ التي يعبر الإنسان بها عن نفسه ، وهي الأداة التي تربط الإنسان بغيره من الأفراد وتربطه بالمجتمع . ولكل مجموعة من الناس ألفاظها وتراكيبها التي يطلق عليها اللغة ، يفهم بها بعضهم البعض ، ويبنون بها أفكارهم ونظرياتهم، ويجمعون من خلالها معارفهم ومعلوماتهم، وتتباعد اللغات واللهجات بعضها عن بعض، لكنها تتشابه في كونها الأداة التي تربط مجموعة من الناس قد تكون قليلة وقد تكون كثيرة ، وفي كل الأحوال هي " لغة " .

إن **مفهوم اللغة من** خلال ما تقدم هي " مجموعة من الأصوات والألفاظ والتراكيب التي تعبر بها (الأمة) عن أغراضها، وتستعملها أداة للفهم والتركيب والتفكير ونشر ـ الثقافة . فهي وسيلة الـترابط الاجتماعي التي لا بد منها للفرد والمجتمع [1]

تعريف اللغة : من المناسب أن نورد بعض تعريفات اللغة ومنها :-

١. عرفها ابن جني بقوله " إنها أصوات يعبر بها كل قوم عن أغراضهم " [2]

٢. عرفها ابن خلدون بقوله: " اعلم أن اللغة في المتعارف عليه هـي عبـارة المـتكلم عـن مقصوده ، وتلك العبارة فعل لساني فلا بد أن تعبر ملكة متقررة في العضو الفاعل لها وهو اللسـان ، وهـو في كل أمة بحسب اصطلاحهم.

---

(١) الموجز في تدريس اللغة العربية ، ص ١٢/

(٢) أساليب وطرق تدريس اللغة العربية ، ص ١٧/

٣. يعرفها المحدثون بأنها " نظام رمزي صوتي ذو مضامين محددة تتفق عليه جماعة معينة، ويستخدمه أفرادها في التفكير والتعبير والاتصال فيها بينهم. وعرفت أيضاً بأنها نظام صوتي يمثل سياقاً اجتماعياً وثقافياً له دلالته ورموزه ، وهو قابل للنمو والتطور، ويخضع في ذلك للظروف التاريخية والحضارية التي يمر بها المجتمع "

واللغة من الظواهر الاجتماعية التي أغنت التفكير البشري ، وهي من الظواهر الحضارية المهمة في المجتمع، وتكون على ثلاثة أنواع :-

أ. منطوقة

ب. مكتوبة

ج. مبصرة

وعلى الأنواع المذكورة يستطيع الإنسان الحفاظ على تراثه وثقافته ومعرفته، وقد يستطيع الإنسان من عبور زمن الماضي للتحدث إلى الأشخاص الذين عاشوا في العصور المختلفة عبر اللغة المكتوبة .

وقد اكتملت مقوماتها في مراحل متعاقبة من الأصوات إلى المقاطع أو إلى الألفاظ الخاضعة للوضع والإصلاح، ثم دخلت إلى طور القوانين والضوابط اللغوية.

وظائف اللغة : للغة وظائف كثيرة منها :-

١. الوظيفة الاجتماعية : باللغة يفهم الناس حديث بعضهم البعض ، وهي سلاح يواجه المواقف الحياتية التي تستخدم مهارات اللغة في أمور عدة منها :-

أ. الاستماع والتحدث

ب. القراءة والكتابة

ج. الدعاية

د.تسيير شؤون المجتمع وتصريفها

هـ.التثقيف والتعليم

و.التوجيه والإرشاد

٢. الوظائف القيادية والإدارية : فهي تساعد الفرد على توضيح أسلوبه القيادي والإداري بالطريقة الشفهية أو بالطريقة الكتابية .

٣. الوظائف النفسية : حيث تؤدي اللغة إلى التعبير الجيد والنطق الجيد، ليحس المرء من خلالها بالطمأنينة والرفعة والثقة بالنفس والرقي الشخصي. ويتمكن من خلالها أن يتجاوز حالات الخجل والاضطراب والخوف، ويكشف فيها عن عواطفه وانفعالاته سواء بالطرق الشفهية أو الكتابية.

٤. الوظيفية الفكرية : فهناك صلة كبيرة بين الفكرة واللغة ، وفيها الصورة التعبيرية التي تبرز الأفكار وتضبطها وتحدد دقتها باستخدام ألفاظ دالة على معانٍ تساعد على إتمام الفكرة عن طريق ترتيب فقرات الكلام وعدم لبسه وغموضته .

٥. الوظيفية الثقافية : فحضارات الامم تقاس بثقافة أفرادها ، وتؤدي اللغة (شفاهاً أو كتابة) دورها في عكس ثقافة الأمة والقيم التي تتضمنها .

٦. الوظيفية التربوية : فاللغة وسيلة لبلوغ الأهداف السامية العليا في ترتيب الأجيال ، فهي إذن وسيلة للتربية

إن وظيفة اللغة إذن يمكن تحديدها فيما يأتي :-

١. الأداة التي يعبر بها الفرد عن نفسه وأفكاره وانفعالاته وأحاسيسه

٢. أنها الأداة التي يتصل الأفراد فيها ببعضهم البعض.

٣. أنها الأداة التي تساعد الفرد على ضبط تفكيره ونقله إلى الآخرين ، وهي وسيلة التفاهم بين الأفراد والجماعات

٤. أنها الأداة التي يمتع بها الإنسان نفسه، كالانتفاع بأوقات الفراغ والقراءة والتسلية والنشاطات والتذوق الجمالي وغير ذلك ، وأنها الوسيلة الأولى لنقل التجارب بين الأفراد

٥. الأداة التي تنقل بها المعارف ، والثقافات بين الأفراد وبين الأجيال، وحفظ التراث الثقافي والحضاري، سواء أكان عن طريق الكتابة أم التصوير أم التسجيل

٦. أنها أداة توحيد أفراد المجتمع مهما تباعدت أقطارهم ، فاللغة العربية مثلاً توحد المشاعر وتقويها

٧. أداة لنقل الوظائف الخاصة كالخطابة والتأليف والإذاعة، والوسائل التي يستخدمها البشر في الوقت الحاضر

أما وظائف اللغة العربية فتتجلى في النقاط الآتية :-

أ. تأصيل العقيدة الإسلامية ، فالقرآن الكريم نزل باللغة (كِتَابٌ فُصِّلَتْ آيَاتُهُ قُرْآنًا عَرَبِيًّا لِقَوْمٍ يَعْلَمُونَ) [فصلت:٣] ، والحديث النبوي كان باللغة العربية التي يتحدثها الرسول صلى الله عليه وسلم

ب. تساعد اللغة العربية على حفظ التراث العربي الثقافي وحضارة العرب، وما فيها من ملامح الثقافة العربية وآدابها

ج. أنها من مقومات الأمة التي توثق شخصيتها وشخصية أفرادها، وتؤكد هويتهم

د. أنها تحمل المبادئ الإسلامية السليمة التي يتضمنها القرآن الكريم.

التقويم الأثنائي

١. أذكر ما تعرفه عن أهمية اللغة .

٢. هل للغة وظيفة ما ؟

٣. إذا كان لها ذلك ، فما وظيفة اللغة ؟

٤. ما الأمور التي تساعد عليها وظيفة اللغة ؟

نشأة اللغة العربية

هنالك سؤال يثار دائماً حول هذا الأمر وهو :-

هل أن اللغة العربية توقيفية ؟ أم أنها لغة نامية متطورة حالها حال اللغات الأخرى ؟

ويمكن أن نجيب على هذا السؤال : بأن النمو مسألة ملازمة لكل اللغات، فليس من الممكن تجاهل المصطلحات الجديدة التي تأتي مع الاختراعات والمكتشفات الدائمة. ونحن نعرف أن الله تعالى يدفعنا إلى العلم والاكتشاف، وعدم التوقف على ما في الكون من ظواهر ، وبهذه الطريقة فإن مفردات كثيرة أجنبية تظهر بيننا ، نحاول تعريبها، ولكن بعضها قد يستجاب لتعريفه، وبعضها لا يمكن أن يستخدم ، فكم منا يستخدم لفظة (دار الخيالة) بالنسبة (للسينما) ؟ وكم منا يستخدم لفظة (المذياع) بالنسبة (للراديو) ؟ وكم منا يستخدم لفظة (الهاتف) بدل (التلفون) ؟ وكم منا يستخدم لفظ (الحافلة) بدل (الباص). وإذا ذهبنا إلى العلوم الطبية ، فهل يمكن ترجمة الألفاظ الطبية الأجنبية إلى اللغة العربية، فتأخذ طريقها تماماً كما هي؟ وكذلك بالنسبة للهندسة ، فما ترجمة (الإنترنت) ؟ وما ترجمة (الكمبيوتر) ؟ هل يستطيع المرء استخدام لفظ (الحاسوب) بدل (الكمبيوتر) في كل المواقع ؟ وهل تفي تلك الترجمة بمعناه كاملة ؟ فإذا أخرجنا الهاتف والحاسوب جانباً فهل تمت الاستجابة لكل الألفاظ الأخرى ؟

الإجابة ليست بالنفي أو التأكيد ، وإنما بالقول أن التأقلم اللغوي العالمي، والنمو اللفظي حاصل في كل اللغات ، وهو أمر مستمر . إلا أن أصل اللغة موضوع يرتبط بعقيدة المسلم قطعاً ، فقد وردنا في الأثر أن القرآن الكريم أزلي ، وهو كلام الله نزل على رسوله صلى الله عليه وسلم منجماً ، ونزل باللغة العربية التي يتكلمها الرسول صلى الله عليه وسلم ولغة أمته ، ولكنه لا يرقى إليه مثيل في بلاغته وإيجازه وفصاحته وتعبيره وضبط حركاته، وكل ما نعرفه عن أمور اللغة.

القرآن الكريم ، لغته عربية ، ولغته لغة أهل الجنة ، وليس في هذا الكلام إقلال من شأن العلم أو استخفاف به ، بل هذا جزء من إيمان المسلم ، فلم يغير الباري عز وجل لغته ليلائم لغة النبي " محمد صلى الله عليه وسلم " لذلك بقيت لغة القرآن مقدسة خاصة به، ولم يعتبر الترجمات في أقوال كل المفكرين المسلمين مقدسة كما هي في اللغة العربية ، وظلت قراءته باللغة العربية واجبة في التعبُدات، حتى وإن كان غير العربي لا يفهمها إلا عن طريق الترجمة ، فهذا حقه في فهم المعنى . أما ترجمته فهي ليست ما أنزل به القرآن الكريم ، ولذلك بقيت لغة النزول مقدسة .

إن ذلك يوصلنا إلى أن هذه اللغة توقيفية ولا تخضع للغة التطور ، وإلا لكانت قد زالت وتبدلت كما تبدلت كل لغات العالم. فأين اللاتينية؟ وأين اليونانية؟ وأين العبرية القديمة ؟ وقد ينطبق هذا التساؤل على اللغات الشرقية الأخرى ، فأين الفارسية القديمة ؟ والعربية هي هي ، لم تتغير ، لغة القرآن الكريم الذي قال فيه الباري عز وجل ﴿إِنَّا نَحْنُ نَزَّلْنَا الذِّكْرَ وَإِنَّا لَهُ لَحَافِظُونَ﴾ [الحجر:٩]

ومهما حصلت من لهجات عامية سادت الأقطار العربية ، إلا أن لغة التخاطب الرسمية واللغة المستعملة والمكتوبة والمقروءة هي اللغة العربية ، لغة القرآن ، وكلما زادت المعرفة ونمت الجامعات والمدارس قويت اللغة ، وعادت إلى أخذ مكانها اللائق بها من جديد.

ولم تستطع أية لهجة من اللهجات المحلية أن تسود لتصبح لغة الأمة، كما حصل في أوربا أيام العصور الوسطى ، أو ما حصل مع كثير من الأمم الأخرى. فاللغة العربية هي وحي والهام من الله سبحانه وتعالى ، وهذا لا يعني ألا نعود لنذكر بأن بعض الآراء تقول بأن اللغات اصطلاح ومواضعة ، وأن هنالك من يقول

بأن أصل اللغات هي تلك الأصوات المسموعة كدوي الريح وخرير الماء ، ثم تولدت عن ذلك كلمات وجمل حتى صارت لغات .

فإن كان الكلام مقبولاً عن اللغات الأخرى ، فعلينا أن نذكر بأن الله تعالى قال عند خلق آدم عليه السلام " وعلم آدم الأسماء كلها " أي أنه علمه اللغة .. وقوله تعالى عند المسلمين المؤمنين ملزم ، لا يمكن تأويله بما يذكره من يقول بأصل اللغات التي ذكرناها .

فروع اللغة العربية

تنقسم اللغة العربية إلى فروع مختلفة هي القراءة، والخط، والإملاء، والتعبير، والقواعد، والتدريب اللغوي ، والأناشيد، والمحفوظات، والنصوص. يختص بعضها بالمراحل الأساسية الأولية أو بالمراحل الأساسية المتقدمة أو بالدراسة الثانوية .

ويقصد بتقسيم اللغة إلى الفروع المذكورة تنسيق العمل في المحيط الدراسي، وتحديد مدة زمنية لكل فرع ليصل بها التربويون إلى الغاية العامة، أو الهدف العام من تدريسها التي تعني تمكين المتعلم من السيطرة على الأداة التعبيرية المهمة. والغاية منها استخدامها في تعبيره واستخدامها في فهمه . ويرى التربويون أن الغرض الأساسي من الوصول إلى الفهم والتعبير هي الهدف الذي يسعون له في تدريس فروع اللغة العربية .

وتشترك فروع اللغة في صلاحية درس ما من الدروس اللغوية العربية في درس آخر أو فرع آخر من فروع اللغة، فيتدرب التلميذ على التعبير مثلاً في درس القراءة، ويتعلم البلاغة من خلال دروس الأدب والنصوص وهكذا. (أي أن فروع اللغة العربية تتسم بترابط وثيق)، ففي درس القراءة يمكن أن نستفيد مما يأتي :-

١. تعليم القراءة

٢. تعليم القواعد عند إعرابنا لبعض جملها

٣. مطالبة المتعلمين بالتلخيص، مما يساعد على (التعبير) في إنشائهم الخاص بكل واحد بهم

٤. إن لدرس القراءة صورها وأسلوبها التي تعكس الناحية الجمالية فيها

٥. يمكن حفظها إذا كانت تمثل أدباً رفيعاً

٦. يمكن إنشادها إن كانت تصلح لذلك

٧. استخدام الإملاء وتعلمه من خلال تدوينها

٨. استخدام جودة الخط في بعض جملها الجميلة ، وهكذا [١]

إن من واجبات مدرس اللغة العربية الربط بين فروعها عند تدريسها، ومراعاة الصلة بينها على ألا يتسبب ذلك في ضياع زمن الحصة . وبالنسبة للمتعلمين فإن ذلك يبعث على التشويق، ولذلك يجب الوقوف عند حد التشويق، وعدم جعل الربط أداة للسأم من المتعلمين .

ويجد الأستاذ سميح أبو مغلي وزميله أن هنالك أمرين لا يجوز أن يغيبا عن التقدير :-

أولهما : أن اللغة العربية فكر وعلى المتعلمين تحسس ذلك الفكر ليدخل في نفوسهم ولكي يكون للألفاظ طعمها .

ثانيهما : أن اللغة العربية وسيلة للتعبير عن مظاهر الكون والحياة وجميع ألوان النشاط، فيجب أن تستهدف إنماء قدرات المتعلم المختلفة التي تعينه على بلوغ أهداف سامية . [٢]

---

(١) الموجز في أساليب تدريس اللغة العربية ، ص / ١٤-١٥ " بتصرف "

(٢) المصدر السابق ص / ١٦ " بتصرف "

خصائص اللغة العربية

اللغات جميعاً لها خصائص تميز إحداها عن الأخرى . أما في لغتنا العربية فهنالك خصائص مميزة لها
منها :-

١. كثرة الترادفات والألفاظ وصيغة الجموع

٢. الإيجاز إن أردنا الإيجاز والإطناب إن أردنا ذلك

أي أن اللغة العربية (طبيعة)، بحسب أسلوب متكلميها، وبخاصة الأدباء والمتفوهون فيها

٣. الإعراب ، أو الحركات التي تظهر على آخر الكلمة ، وفي بعض الأحيان تكون هنالك حروف بدل
الحركات

٤. البلاغة ودقة التعبير ، وهذا ما يساعدها على الإيجاز كما ذكرنا، أو في الإطناب دون خلل أو دون
إحداث ملل .

والحقيقة أن كل لغات العالم تمتاز بهذه الأمور (تزيد أو تنقص)، ولكن متعلمي اللغة العربية
يتوجسون هذا فيها ، خاصة وأن القرآن الكريم قد أدى دوراً كبيراً في تثبيت خصائصها المميزة .

مكانة اللغة العربية التعليمية

تظفر اللغة العربية بأكبر وقت للتدريس بين مواد الدارسة المختلفة في المراحل الدراسية جميعها ،
إذ تظفر بأوفر الحصص المقررة في الخطط العامة للدراسة بين سائر المواد، وفي جميع المراحل الأساسية
والثانوية ، فما يخص فروعها من زمن الدراسة في الأسبوع الواحد يستغرق ما يقرب ثلث مجموعة الجدول
الأسبوعي لكل المواد .

التقويم الأثنائي

١. اكتب مقالاً عن نشأة اللغة العربية .

٢. أكتب عن فروع اللغة العربية .

٣. بين خصائص اللغة العربية .

٤. ما مكانة اللغة العربية التعليمية ؟

٥. حدد وظائف اللغة وبين أهمية ذلك .

الوحدة الثانية

فلسفات التربية في التعليم

تمهيد :-

لغرض الإلمام بمادة تدريس اللغة العربية لا بد من معرفة الفلسفات التربوية. فمدرس اللغة العربية يجب أن تكون له معرفة شاملة بالفلسفات العالمية، والفلسفة الإسلامية، والفلسفات التربوية لكل منها .

الفلسفة والحكمة

تعني الفلسفة أمرين مهمين هما :-

١.   حب الحكمة

٢.   البحث عن علة

ولم يتفق الفلاسفة منذ عهد الإغريق على تعريفها

فالحكمة : هي إدراك الأشياء على ما هي عليه إدراكاً يقينياً . أو هي العلم الذي يراد منه الوصول إلى أكمل حياة ممكنة، وإلى تحمل الشدائد التي تعتري الإنسان مع الصبر الجميل .

والحياة الفلسفية : هي حياة العمل الذي يكون رائده الفكر الصحيح لا حياة التقليد وإتباع القديم وإيثار الهوى .

والفلسفة نظام فكري يظهر في علم عقلي تقدمي منظم يهدف إلى تحليل أو نقد المعتقدات السائدة، أو تأكيد أفكار قائمة أو جديدة وتدعيمها، مما يجعل هذه الأفكار والمعتقدات تتميز بدرجة عالية من الثبات لا يمكن الوصول إليها بوسائل علمية تجريبية .

وهدف الفلسفة هو إدراك معاني الكون إدراكاً كلياً مؤتلفاً يتصف بالوحدة والتماسك والاطراد ، على أن الفكرة المشتركة بين الفيلسوف والرجل الاعتيادي هي اكتشاف نظام من القيم يصلح أن تتخذه العامة والخاصة هادياً للسلوك الفردي والاجتماعي للقيم .

وقد عرف الباحثون التقليديون الفلسفة بتعاريف عديدة :-

١. فينكس : هي تنظيم ما هو موجود بالفعل في ميدان المعرفة والخبرة وتفسيره وتوضيحه ونقده .

٢. كوراني : مسعىً فكري منظم يهدف إلى كشف أسرار الكون والتوصل إلى معرفة جوهر الحقيقة الأزلية .

٣. فيني : العمل العقلي النقدي المنظم يهدف إلى تكوين المعتقدات حتى تتميز بدرجة عالية من الاحتمال، عندما تكون المعلومات المناسبة لا يمكن الحصول عليها للوصول إلى نتائج تجريبية تماماً .

أما المحدثون فقد عرّفوها بأنها " دراسة المبادئ الأولى وتفسير المعرفة تفسيراً عقلياً . والفلسفة ليست نظاماً من المعرفة ذات الطابع الإيجابي كالقانون أو علم الأحياء أو التاريخ أو الجغرافيا ، وإنما نشاط نقدي توضيحي ، أو أنها:

مجموعة من الأفكار المترابطة في صورة مذاهب فكرية تتسق في بحثها عن الحقيقة الكونية وظواهرها الطبيعية والبشرية . [١]

فلسفة التربية

إن المضمون التربوي والمضمون الاجتماعي يعبران عن ظاهرة واحدة، والتربية عملية قيادة الأفراد إلى نوع من الفهم أكبر للعالم وللموقف الإنساني. وقد بحث التربويين في العلاقة بين الفلسفة والتربية فتوصلوا إلى أنهما ينتميان إلى أم واحدة هي ثقافة الأمة، ولا بد للعلاقة بين الفلسفة والتربية أن تتطور مع تطور الثقافة، ومع تجربة الإنسان والتحولات الاجتماعية . والفلسفة يمكن أن نستعملها بطرق عديدة ، منها المؤثرة وغير المؤثرة الغامضة، أو الواضحة المنظمة، أو

---

(١) تقويم كتب التربية الإسلامية ، ص (٢١-٢٢) " بتصرف "

العشوائية لذلك علينا أن نختار عند الاعتماد على فلسفة ما أن يكون لها علاقة مع مشاكل التربية بشكل مؤثر وواضح ومنظم حسب الإمكان .

إن تعريفات فلسفة التربية قد تنوعت وتعددت بحسب النظرية أو المدرسة الفلسفية، ومنها :-

١. براملاد : هي مظهر من مظاهر التساؤل الأساسية التي تحدث في جميع ميادين الحياة الإنسانية .

٢. فختة : إن فن التربية لن يصل إلى حالة الوضع التام بدون مساعدة الفلسفة ، فهناك علاقة متبادلة بين الأثنين ، وأحدهما بدون الآخر ناقص لا يمكن الانتفاع به .

٣. فينكس : البحث عن مفاهيم عامة توجد الأتساق بين المظاهر المختلفة للعملية التربوية، في خطة متكاملة شاملة تتضمن توضيحاً للمعاني، التي تقوم عليها التعبيرات التربوية . وهي بذلك تعني العلاقة بين التربية وغيرها في مجالات الاهتمام الإنساني

٤. النجيحي : هي النشاط الفكري المنظم الذي يتخذ الفلسفة وسيلة لتنظيم العملية التربوية وتنسيقها وانسجامها ، وتوضيح القيم والأهداف التي ترنو إلى تحقيقها في إطار ثقافي وفكري معين إن فلسفة التربية تنطلق من الفلسفة العامة، وتأخذ وظيفتها الجديدة وهي التحليل والنقد والتفسير والتأويل لإدراك المفاهيم الاساسية إدراكاً واضحاً، ولإيجاد الربط وإقامة العلاقات بين أنواع مختلفة من المفاهيم . لكن فلسفة التربية لا تقوم على أساس نظري فقط . وتذكر الدكتورة هدى الشمري [١] أن فلسفة التربية تنطلق من الميدان التربوي، فتقوم بدراسة الميدان التربوي والتعليمي بمشكلاته وعلاقاته وإدارته وغايته، وهي نقطة البداية الأساسية للتربية، فهي تأخذ كل ذلك، فتنفذ

(١) تقويم كتب التربية الإسلامية ، ص/ ٢٣-٢٥

وتحلل وتفسر، ثم توجه العلاقات والارتباطات، ثم تسمو فوق هـذا الموقع العلمي لتنظر لـه وتفلسفه وتعود إليه مرة أخرى موجهة ومرشدة، محاولة التطوير والتغيير والتقويم .

وتتغـير فلسفة التربية مـن مجتمـع إلى آخـر لأن التربية تشـتق مـن أهداف المجتمـع فظـروف المجتمعات تختلف وفلسفته التي يتوصل إلى غايتها مجابهـة هـذه الظروف ، والفلسفة التربوية هي المصدر الأساس للأهداف التربوية في أي قطر كان تصاغ تلك الأهداف في ضوئها، لتلبي حاجات المجتمع على وفق فلسفته الاجتماعية .

إن الفلسفة التربوية كـما تـذكر الـدكتورة هـدى الشـمري هـي إحـدى الفلسـفات التطبيقيـة ، لأن الوجود الإنساني أو الإنسان يحتل مركز الصدارة في مباحث هذه الفلسفة، وذلك على أساس أن الإنسان هو لب العملية التربوية، ومركز نشاطها، والركن الأساسي الذي لا تتم العملية التربوية، ولا يتحقـق مـدلولها إلا به . (١)

علاقة الفلسفة بالتربية

مما تقدم نتبين أن الفلسفة تبحث في ماهية الحياة . أمـا التربية فهـي عمليـة تبحـث في الوسائل والأساليب التي تدير شؤون الحياة، وتطبيق التربية هي الجانب العملي، والفلسفة هي الجانب النظري .

والتربية تنسق نقل المعرفة وتنمية القدرات . أما الفلسفة فتصوغ النظريات التـي تحقق التربية ، والتربية موضوعها الإنسان .

والفلسفة يشكل الإنسان محورها، والتربية الوسيلة العملية التطبيقية . أمـا الفلسـفة فإنهـا فكريـة تأملية ، والأهداف تصاغ وفق أسس فلسفية ، والتربية تسير على وفق هذه الأهداف .

(١) المصدر السابق ، ص / ٢٥-٢٦

التقويم الأثنائي

١. ما معنى الفلسفة ؟

٢. ما معنى الحكمة ؟

٣. ما معنى فلسفة التربية؟

٤. ما علاقة الفلسفة بالتربية؟

٥. ضع إشارة (✔) أو (×) في الجمل الآتية :-

أ- الحياة الفلسفية: هي حياة التقليد واتباع القديم وإيثار الهوى .

ب- الفلسفة نظام فكري يظهر في عمل عقلي تقليدي منظم يهدف إلى تحليل أو نقد المعتقدات السائدة.

ج- إن المضمون التربوي يعبر عن ظاهرة واحدة، أما التربية فهي عملية قيادة الأفراد إلى نوع من الفهم أكبر للعالم وللموقف الإنساني.

د- لا تتغير فلسفة التربية من مجتمع إلى آخر .

هـ- التربية تبحث في ماهية الحياة. بينما الفلسفة تبحث في الأساليب والوسائل التي تدير شؤون الحياة.

فلسفة التربية في المدارس الفلسفية المختلفة

لكل مدرسة فلسفية ، فلسفتها التربوية، ويمكن أن نذكر البعض منها وفق كل فلسفة من تلك الفلسفات :

أولا- الفلسفة التربوية المثالية :

إن التربية من وجهة النظر المثالية هي مساعدة الإنسان في الحياة للتعبير عن طبيعته الخاصة.أما أهداف التربية عندها فتتمثل في:.

أ. إن التربية هي العملية الفعلية للوصول إلى إدراك الحقيقة المطلقة عن طريق شحذ العقل، بذلك الكم الضخم من المعارف والأفكار المتصلة الأشياء ومعانيها وأصولها.

ب. إعداد المواطن إعدادا سليما يكفل أن يتحلى بفضيلة الاعتدال والشجاعة .

ج. إحاطة الطفل بالمثل العليا الصالحة، وغرس فكرة الخير والشر في ذهنه، حتى يشب على حب ما يحب ، وأن يكره ما يحب أن يكره .

د. إن التربية العقلية لكي تصل الى فهم الحقيقة المطلقة الأزلية يفترض أن تكون في شكل قوالب معرفية ثابتة، وليس في شكل نماذج تجريبية، وتبعا لذلك لا يكون التعليم تحديدا أو ابتكارا، ولكنه تحقيق النمط الفكري الذي يهدف تدريجيا الى تحقيق الفكرة المطلقة، فيما يخص الحقيقة والخير اللذين وصفا سلفا. (١)

ه. التربية الفردية والجماعية، فالحياة الخلقية لا تتعارض فيها مصلحة الفرد ومصلحة الجماعة ، إذ إن هناك فلسفة تقرر خلود القيم الروحية، وتؤكد عموميتها على الأفراد جميعا، بمعنى أن القيم والمثل العليا الخالدة حين يجهد

---

(١) عبد السلام حبيب، أسس التربية الحديثة ، ص ٣٨ .

الفرد عقله كي يتمثلها انما يكون من خلال وسط جماعي . فالفضيلة تتكون من المعرفة والأفكار الكلية العامة ، للوصول إلى الكمال العقلي ذاته.[1]

المعلم والمتعلم في الفلسفة المثالية :.

١- ترى الفلسفة المثالية أن المتعلم شخص له هدف روحي ينبغي تحقيقه، ومن هنا أكدت ضرورة تعليمه احترام الآخرين والقيم الروحية وغير ذلك .

٢- ترى أن المتعلم يكون أخلاقياً إذا انسجم مع طبيعة الأشياء، وإذا تنافر مع هذا الانسجام يكون غير خلقي.

٣- إن المعلم في الفلسفة المثالية قدوة يقتدي به المتعلمون، فضلاً عن أنه يولد المعاني والأفكار في عقل التلاميذ، إذ إن الأفكار والمعاني كامنة في الإنسان.[2]

٤- المعلم وسيط بين عالمين ، عالم النمو الكامل وعالم الطفل، وأن عمله تقديم الإرشاد له لأنه يحتاجه، وهو المسؤول عن مراقبة ذلك النمو .

٥- أما المادة الدراسية في الفلسفة المثالية فهي تطور الشعور السامي بالذات عند المتعلمين .

نقد فلسفة التربية المثالية

١. إنها تهمل الجوانب المهارية، وتركز على الجوانب المعرفية .

٢. تعلي من شأن الروح وتهمل أمر الجسد .

٣. تقدم المواد الدراسية بصورة منطقية ، إلا أنها تهمل فهم العلاقات .

---

(١) محمد منير مرسى، أصول التربية الثقافية والفلسفية ، ص ١٣٢ .

(٢) محمد نبيه حمودة ، التأصيل الفلسفي للتربية ، ص / ٢٠

ثانياً : الفلسفة التربوية الواقعية

ومن أهم أهداف هذه الفلسفة

١. اتاحة الفرصة للمتعلمين لأن يغدو المتعلم شخصاً متوازناً فكرياً .

٢. أن يصبح جيد التوافق مع بيئته المادية والاجتماعية .

٣. تنمية الجوانب العقلية والبدنية والنفسية والاخلاقية والاجتماعية .

٤. تنمية علاقة المتعلم بالبناء الفيزيائي والثقافي للبيئة .

٥. تأكيدها الموضوعات الدراسية أكثر من تأكيدها الطالب .

مميزات الفلسفة التربوية الواقعية

١. إن المعلم يمثل مفتاح التربية لوصفه ناقلاً للتراث الثقافي، وهو الذي يقرر المواد الدراسية التي ينبغي أن يتعلمها المتعلم

٢. إن هدف المعلم وضع المعرفة الواضحة المميزة أمام المتعلم، ويعرض له المنهج العلمي بطريقة موضوعية بعيداً عن كل ذاتية شخصية . (١)

٣. اهتمامها بتربية الجسم والعقل

٤. يؤكد الواقعيون وقائع الحياة وأهمية الموضوعات في نطاق العلوم الطبيعية

٥. إن المادة الدراسية هي المحور المركزي في التربية

٦. التربية عملية تدريب الإنسان على العيش بمعايير خلقية مطلقة على أساس ما هو صحيح للإنسان بوجه عام

٧. تأكيدها التربية الجسمية، وتدريب الحواس، والتجريب، وتشجيع المدارس العملية والمهنية، بالأنشطة والممارسات داخل المؤسسات التعليمية، والاهتمام بالفروق الفردية

---

(١) نيلز ، في مقدمة فلسفة التربية ، ص / ٣

٨. تؤكد ضرورة أن تكون المادة الدراسية هي المحور المركزي في التربية، وأن يشمل محتوى المناهج العلوم الطبيعية بفروعها المختلفة، من حيث المادة العلمية وأسلوبها في البحث .

٩. أن تكون طريقة التدريس ملائمة لشخصية المتعلم .

١٠. ترى الواقعية أن المعلم ناقل للتراث الثقافي وهو الـذي يحـدد المعرفة ودوره مسـاعدة المتعلمـين للوصول إلى الحقيقة .

نقد الفلسفة الواقعية

١. عدم اهتمامها بالمتعلم وميوله ورغباته، لأنها تنظر إلى الميول والرغبات على أنها طارئة وعارضة .

٢. أهملت الجانب الروحي واهتمت بالتكيف مع البيئة المادية .

٣. إنها تنظر إلى العقل بأنه قاصر .

ثالثاً : الفلسفة التربوية البراجماتية

تهدف الفلسفة البراجماتية تربوياً إلى :-

١. أن ينبع الهدف من الظروف الراهنة ، يرى ديوي " أن يكون الهدف مرناً مبنياً على الأمور الجاريـة فعلاً وعلى الماضي "

٢. مرونة الأهداف ، لأن الأهداف غير كاملة وخاضعة للتجربة ، يرى ديوي "أن يكـون الهـدف مرنـاً قابلاً للتغيير حتى يلائم الظروف " .

٣. ملاءمة الهدف لطاقات المتعلم وإمكاناته وقدراته .

المعلم والمتعلم في الفلسفة البراجماتية

١. ركزت الفلسفة البراجماتية على المتعلم .

٢. المتعلم هو رزمة من نشاط الاتجاهات النظرية والمكتسبة للفعل .

٣. نشاط المتعلم هو أساس كل تدريس .

٤. إن التعليم لا يكمن فيما ينبغي أن يتعلمه، وإنما تشجيعه باتجاه معرفة نتيجة نشاطه الـذهني والتجريبي .

٥. العناية باهتمامات المتعلم والعناية بحب الاستطلاع لديه .

٦. وظيفة المعلم تكون في قدرته على تنظيم الخبرة، وبيان الاتجاه الذي تسير فيه.

٧. وظيفة المعلم في شحذ أذهان المتعلمين .

٨. إن وظيفة المعلم هو حل المشكلات التي تنشأ في البيئات البيولوجية والاجتماعية، وإنه في الأسـاس صاحب الحلول التجريبية ، وأنه يتبع أسلوب المحاولة والخطأ فيحـل المشكلات بصورة تدريجيـة بحيث يكيف نفسه للمواقف الناشئة ، وينقل خبراته هذه إلى قاعة الدرس إلى تلاميذه.

٩. وظيفة المعلم تكوين الحياة الاجتماعية الصحيحة .

١٠. إن الخبرات التعليمية تساعد في بناء المنهج العقلي التقدمي المتكامل.

١١. إقرار الدراسات ذات الطبيعة الحديثة والمعاصرة والمفيدة والمتغيرة دوماً .

نقد الفلسفة التربوية البراجماتية:

١. تركز الفلسفة التربوية البراجماتية على المتعلم .

٢. ترفض التخطيط للعملية التعليمية ومراحلها.

٣. إن وسيلة المعرفة عندها هي الخبرة الذاتية

٤. إن كل ما يحقق الفائدة العملية يعد عندها صادقاً وصحيحاً.

٥. إهمالها للجانب الروحي فليس في رأيها وجود سابق للقيم والمعايير الروحية.

٦. تأكيدها الجانب العملي لعملية التعليم .

٧. تنظر إلى التراكم الكمي للخبرات الفردية كتأكيد النمو التلقائي للفرد.

٨. دور المعلم فيه النصح والاستشارة وتنظيم الظروف التي تساعد المتعلم على التعلم (أي إهمال الطاقات الأخرى للمعلم)

٩. إن فلسفة التربية البراجماتية تمثل المجتمع الرأسمالي الأمريكي، وهو محور القيم الاقتصادية التي تؤكد الربح والنجاح.

رابعاً:. الفلسفة التربوية الوجودية:.

الأهداف التربوية للفلسفة الوجودية:

١. تحقيق بناء الشخصية الواعية الحرة المسؤولة التي تحقق ذاتها خلال مواقف الحياة التي يمر بها الإنسان، والتي يعايشها ويعاينها.

٢. أن يكون الإنسان أكثر أهمية من المعرفة

٣. تأكيد الحرية الحقيقية للمتعلم وتأكيد أصالته ، فالهدف الرئيس الذي يضعه المتعلم أمام نفسه هو أن التفكير الذاتي ضرورة ليحقق ذاته ، وأن المتعلم حر، يستطيع أن يعيش في وفاق مع الجماعة المثيلة له

٤. تحقيق مهمات ثلاثة للمعلم هي النظام، والقدرة على النقد، والقدرة على الإنتاج والخصوبة

٥. تقويم المتعلمين من خلال شعورهم بالنظام وقدرته على تنظيم الأفكار . [(١)]

المعلم والمتعلم في الفلسفة التربوية الوجودية

١. إن وظيفة المعلم الوجودي تتحدد في تقديم المساعدة الشخصية للطالب وسعيه إلى تحقيق ذاته

٢. أن يقوم المعلم بتشجيع المتعلمين مع الانصراف إلى عملهم

٣. تحويل البناء المعرفي ليكون جزءاً من كيان المعلم الشخصي

---

(١) محمد نبيه حموده ، التأصيل الفلسفي للتربية ، ص / ١٣٥

٤. أن يكون المتعلم عرضة للتقويم الدائم من خلال شعوره بالنظام وقدرته على تنظيم الأفكار

نقد الفلسفة التربوية الوجودية

١. الفيلسوف الوجودي والتربوي يعيش الضياع والقلق والألم، لأنه يشغل نفسه بقضية الموت والتناقض الداخلي الذي أثر في فلسفته التربوية من دون أن يصل إلى نتيجة لتينك القضيتين.

٢. فردية الاتجاه في الفلسفة الوجودية وإهمال الجانب الاجتماعي، إذ أإن ذلك قد انسحب على الفلسفة التربوية التي تهتم بالإنسان الفرد وفي وجوده الفردي .

٣. يغلب على الفلسفة الوجودية التشاؤم، وذلك ما سُحب على التربية في الفلسفة الوجودية أيضاً .

خامساً : الفلسفة التربوية الماركسية

وتسمى النظرية التطبيقية البوليتكنيكية والماركسية فلسفة مادية الحادية لا تعترف بالأديان . أما هدفاها فهما :-

١. تدريب الإنسان ليكون مستعداً للعمل الذي يوكل له عقلياً أو يدوياً .

٢. الجماعة ، والمحصلة التربوية الجماعية، بوصفها ظاهرة اجتماعية .

المعلم والمتعلم في الفلسفة التربوية الماركسية

١. على المتعلم أن يندمج في الجماعة بالالتزام بأوامرها والتوحد معها ، وإذا تناقضت أهدافه مع أهداف الجماعة فعلية أن يلغي أهدافه ، ويضع أهداف الآخرين ومصالحهم الجماعية نصب عينه .

٢. المعلمون (المربون) يجب أن يكونوا جماعة ومسؤولين عن جماعة، فاهتمام الجميع بالجميع، فالمسؤولية مشتركة .

٣. يتوزع المنهج في الفلسفة الماركسية إلى منهج عام ومنهج بـولتكنيكي (والبـوليتكنيكي يعنـي تقـديم مواد عامة وتقنية إلزامية للجنسين).

٤. يؤكد المنهج التربوي الماركسي التربية التطبيقية التي تزود المتعلمين بالنظرية والتطبيق لكـل فـروع الإنتاج .

٥. تؤكد التراث الثقافي الذي يحققه البشر، ولا سيما الذي يؤكد المعرفة العملية والتقنيـة والرياضيات والعلوم .

نقد الفلسفة التربوية الماركسية

١. لا تؤمن الماركسية بالذاتية الفردية، لأن الإنسان فيها جزء من الكل، وينسحب ذلك عـلى فلسـفتها التربوية

٢. لا تعترف الماركسية بالجوانب الروحيـة ، وينعكس ذلك عـلى الفلسـفة التربويـة (أي أنها تؤكـد الجوانب المادية) ، وهي تنكر الروح والعاطفة، وكل ما له علاقة بالروح .

٣. ترى الماركسية أن الإنسان ينتهي بالموت (لعدم إيمانها بالدين)، وينعكس ذلك بطبيعة الحال عـلى فلسفتها التربوية.

سادساً : الفلسفة التربوية الوضعية المنطقية

تهدف الفلسفة الوضعية المنطقية تربوياً إلى ما يأتي :-

١. إكساب الفرد دوافع جديدة عن طريق الخبرة الحسية المستمرة .

٢. تحويل القيم الانفعالية عند المتعلم إلى قيم معرفية .

٣. النمو العقلي والاجتماعي للفرد، وذلك عن طريق تنمية الاتجاه العلمـي والانفتاح العقـلي، وأن يعوده على عدم إصدار أحكام أو اتخاذ قرارات قبل جميـع المعلومـات الضروريـة اللازمـة عـن الموضوع .

٤. برمجة المواد الدراسية على شكل تعليم آلي ، لأنه نوع من التعليم الذاتي واخضاعه للتجريب .

المعلم والمتعلم في الفلسفة التربوية الوضعية المنطقية

١. المتعلم في هذه الفلسفة هو مجموعة دوافع، وأن هذه الدوافع محور سلوكه.

٢. إن دوافع المتعلم تتباين بحسب استعداداته الطبيعية وتربيته وخبرته.

٣. إن وظيفة المعلم تنحصر في إثارة دوافع طلابه وإشباعها، وتقديم المعلومات بأسلوب منطقي

٤. أما بالنسبة للمادة التعليمية فعلى المدرسة أن تستخدم منهج التحصيل المنطقي، وان طرق التدريس يجب أن تكون تطبيقاً أوسع للطرائق العملية في معالجة المشكلات التربوية معالجة علمية .

٥. إن دور المعلم في طريقة تدريسه تتحدد في ضوء سلوك معين، وإن تكون حجرة الدراسة معملاً (مختبراً)، وأن يجد سلسلة الحركات التي يتكون منها التدريس ويعين سلسلة الخطوات الضرورية لإجراء النجاح . [1]

نقد الفلسفة التربوية الوضيعة المنطقية

١. إن افتراضاتها قد أسرفت بالبساطة .

٢. إن مناهجها شديدة التفصيل .

٣. يجد فلاسفة التربية صعوبة كبرى في استعمالها لحل مشكلات الدارسين والمدرسيين .

---

(١) نيلز ، ج٢ ، ص / ١١٥

سابعاً : الفلسفة الإسلامية

وبعد استعراضنا للفلسفات التربوية للمناهج الفلسفية المختلفة نصل إلى الفلسفة التي تهم مادتنا ، وهي فلسفة التربية الإسلامية .

إن ثمة مضماراً واحداً يجمع الفكر الإسلامي والرسالات جملة بالجهود الفلسفية الإنسانية، وهو إن مهمة الفلسفة ومقتضاها حب الحكمة، والبحث في الكون والتأمل العقلي، وبالرجوع إلى القرآن الكريم .

فإننا نجد أن القسم الأعظم منه حوار فكري وعقلي حول تعليل نشوء الكون وظواهره ، والحياة ومراحلها والإنسان وما يتعلق به وما وراء المادة من غيبيات ، والآيات كثيرة جداً ومن ذلك قوله تعالى: ﴿أَمْ خُلِقُوا مِنْ غَيْرِ شَيْءٍ أَمْ هُمُ الْخَالِقُونَ (٣٥) أَمْ خَلَقُوا السَّمَاوَاتِ وَالْأَرْضَ بَل لَا يُوقِنُونَ﴾ [الطور:٣٥-٣٦] ، وهذا تمهيد لإعلان النظرة القرآنية، وقد بدأها بنسف الاحتمالات المطروحة . فالكون حقيقة ملموسة لم يوجدها الإنسان العاجز عن إيجاد ذاته، ولم توجد من العدم، فيبقى الاحتمال الأخير وهو أن الكون خلقه إله قادر، وهو الله عز وجل .

ولم يكتف القرآن بتعليل الظواهر بل ذكر حكمتها وغايتها، وذلك جلي في قوله تعالى ﴿وَمَا خَلَقْتُ الْجِنَّ وَالْإِنْسَ إِلَّا لِيَعْبُدُونِ﴾ [الذاريات:٥٦] ، وهذا عن خلق الجن والإنس أما الغاية من خلق نعم السموات والأرض فيوضحها القرآن كذلك ﴿هُوَ الَّذِي خَلَقَ لَكُمْ مَا فِي الْأَرْضِ جَمِيعًا ﴾ [البقرة:٢٩] فالنعم مسخرة للإنسان ، والإنسان محط نظر الله وقطب الوجود .(١)

(١) مباحث في الاعتقاد والسلوك " الشيخ محمد علي سلمان القضاة " ، ص / ٤٧

وبالنظر إلى الجهود الفلسفية على اختلاف مشاربها نجدها قد حاولت تقديم تصورات وحلولاً مختلفة ، وهي وإن كانت في معظم أفكارها لا تتشابه مع التصور الإسلامي للكون ونشأته وحكمته إلا أنها تجتمع معه في حيث هي جهود في المضمار نفسه .

هل هناك فلسفة إسلامية ؟ من الضبابيات التي تشكلت لتعتيم الرؤية في هذه المسألة، ودفع بعض المفكرين إلى معارضة هذا المصطلح خشية من أن الاعتراف به سيجرنا إلى إدخال كل آراء الفلاسفة الإسلاميين المتأثرين جداً بالفلسفة الإغريقية، وعلى رأسها فلسفة أرسطو الواقعية الحسية، من أمثال الفارابي وابن سينا والكندي وغيرهم في الإسلام، واعتبار آرائهم كلها وجهة نظر إسلامية ، تعبر عن عقيدته ورؤيته بدرجة مشابهة أو مقاربة لنصوص الكتاب والسنة وفهم السلف الصالح لها.

ومن الذين لفتوا النظر إلى هذه النقطة الدقيقة الشيخ سيد قطب، والدكتور علي أحمد مدكور في كتابه (منهج التربية في التصور الإسلامي)، والدكتور عارف خليل في كتابه (المنهج الإسلامي في دراسة التاريخ)، بل أن الدكتور عارف خليل بالغ في رفضه فعارض الغزالي في دخوله أصلاً في حوار مع الفلاسفة، حتى ولو كان الهدف دفع مغالطاتهم وشبهاتهم حول قضايا جوهرية تصطدم مع التصور الإسلامي [1] ، إن معظم المعترضين ركزوا في رفضهم للمصطلح على أساس الحذر من أن يسود توهم أن الآراء الفلسفية التي سادت في القرنين الرابع والخامس الهجريين هي آراء إسلامية، بمعنى أنها من الإسلام لا أنها لمفكرين ينتمون إلى الأمة الإسلامية .

يقول الدكتور على مدكور (أنه ليس من الضروري أن نواجه الفلسفات الغربية المختلفة بفلسفة إسلامية ليست بسيطة، وهو أن لنا شريعة ربانية شاملة

(١) د. عارف خليل ، المنهج الإسلامي في دراسة التاريخ ، ص / ٤٥

كاملة، إلى أن يقول : إلا أنه كان هناك إصرار على بناء فلسفة إسلامية على نمط الإغريقية ، فجاء القرن الرابع والخامس بمفكرين مسلمين أطلق عليهم وصف فلاسفة الإسلام، وجاءت فلسفتهم ظلاً للفلسفة الإغريقية ، غريبة عن روح الإسلام، فما الذي حدث ؟ لقد اختلطت الينابيع الغربية بالنبع الأصيل) [١]

وبالرجوع إلى جذور الفكرة الرافضة فإننا نلمح لها تأييداً قوياً باعتبار المضمون المعرفي وراء المصطلح ، عبر عنه خير تعبير إمامان كبيران هما أبو حامد الغزالي (ت / ٥٠٥)، وفخر الدين الرازي (ت / ٦٠٦) ، فبالرغم من أن مصطلح الفلسفة الإسلامية لم يكن متداولاً إلا أن المحذور الذي أشار إليه الدكتوران كان حاضراً في ذهن كل من الإمامين الكبيرين وهما يواجهان الفلسفة ما تلبس منها بالزي الإسلامي أو الإغريقي .

يقول الإمام الغزالي (فاطلعني الله سبحانه وتعالى على منتهى علومهم - يقصد الفلاسفة - وهم على كثرة أصنافهم يلزمهم سمة الكفر والإلحاد). هذا عن الفلاسفة القدامى، وأما عن الإسلاميين فيقول (على أنه لم يقم بنقل علم أرسطو طاليس أحد من متفلسفة الإسلاميين كقيام هذين الرجلين (يقصد الفارابي وابن سينا)، ومجموع ما صح عندنا من فلسفة أرسطو طاليس، بحسب نقل هذين الرجلين ينحصر في ثلاثة أقسام : قسم يجب التفكير به، وقسم يجب التبديع به، وقسم لا يجب أفكاره أصلاً فنقسمه . [٢] فنتاج الفلسفة عنده يدور بين التفكير والتبديع. وأما ما يقبل المناقشة فمداره التجربة الحسية والملاحظة، فهو يرفض بتاتاً إفرازات الفلسفة الأرسطية التي علقت بفكر الفارابي وابن سينا، لأنها تتعارض مطلقاً مع الإسلام وعقيدته ، عندما جعلوا للحواس حكماً على التفكير والاستدلال، فما يمثل اعتداء على دور العقل في النظر . وبهذا يصطدم الغزالي، ثم الرازي من بعده

(١) د. علي مدكور ، منهج التربية في التصور الإسلامي

(٢) المنقذ من الضلال (مرجع سابق)

بالفلسفة الواقعية لأرسطو . ويهزأ بفيثاغورس من زاوية الخلط بين العقل والخيال الحسي، ثم ينتقد بشدة فلاسفة المسلمين الذين ساروا على المنوال نفسه ، مما جرهم إلى التدخل بالنصوص المقدسة وفق قواعدهم فنسبوا إلى الله ما لا يليق به. فالغزالي وإن لم يتعرض صراحة لمصطلح الفلسفة الإسلامية إلا أنه ذهب إلى أبعد من ذلك حين رفض تسمية الفلاسفة الإسلاميين بالمسلمين أصلاً . إن استبعاد أفكار هؤلاء من الإسلام وحيز التفكير الإسلامي يحصر القضية بحيث يمكن بعد ذلك إطلاق مصطلح الفلسفة الإسلامية إذا قصد به مجموعة الآراء التي قام بها مفكرون مسلمون منضمون تحت أصول الإسلام ، ومنطلقاته الفكرية من دون النظر إلى آرائهم بوصفها ديناً ، بل بوصفها أساليب وأفكار خاصة ، وما زال نظّار العقيدة الإسلامية وفي مقدمتهم المدرسة الأشعرية يحذرون من قبول الفلسفة جملة، واعتبار فلسفة الفارابي وابن سينا تعبيراً عن الإسلام، ولا شك إنه لا يجوز إطلاق المصطلح بهذا الاعتبار .

وتبرز هنا نقطة مهمة فإن رفض الغزالي والرازي وغيرهما لكل إفرازات الفلسفة لم ينسحب على موقفهم من قواعد العقل والمنطق، الذي يرى فيه الباحثون أن واضعه الأول هو أرسطو ، والغزالي بنى قبوله على أساسين هما :-

الأول : إن الصواب ليس حكراً على أحد والحكمة ضالة المؤمن

الثاني : إن ضوابط التفكير العقلي ليست مخالفة للقرآن، بل إنه يرجع كل علم المنطق إلى الأقيسة العقلية في كتابه القسطاط المستقيم، ويورد فيه خمسة موازين للمعرفة استنبطها كلها من القرآن وحده، دون الرجوع إلى اليونان. وبهذا يكون الغزالي قد قطع كل وشائج القربى بين الإسلام والفلسفة من زاوية مدلولات كل منهما ومصادر الاستدلال .

وإذا عزلنا كل هذه التداخلات قبل اعتماد مصطلح الفلسفة الإسلامية فإن الخلاف حوله يصبح لفظياً، أي هل يجوز إطلاق هذا اللفظ حتى بعد كل هذا التجريد؟

ونكون قد خرجنا من الخلاف الدلالي لمصطلح الفلسفة الإسلامية بعد تجريده من التداخلات التي تجعله مرفوضاً عقائدياً، لنصل إلى ذات المصطلح، والخلاف حول جواز استخدامه من الناحية الشرعية البحتة . فالرأي الأول يحرم أصحابه نسبة هذا المصطلح إلى الإسلام، وذلك لأن المصطلح بحد ذاته دين يحاسب عليه الإنسان، ومن هذا قوله تعالى: ﴿يَا أَيُّهَا الَّذِينَ آمَنُوا لَا تَقُولُوا رَاعِنَا وَقُولُوا انْظُرْنَا وَاسْمَعُوا وَلِلْكَافِرِينَ عَذَابٌ أَلِيمٌ﴾[البقرة:١٠٤] ، فيلمح أن أسلمة المصطلحات هو خطوة أساسية نحو أسلمة المعرفة عموماً ، يقول الدكتور علي مدكور (إن إلحاق مصطلح فلسفة بالمنهج الإسلامي يفسده تماماً فالفلسفة مصطلح غريب وثني الأصل) [١]

فعلى هذا يحظر استخدام مصطلح فلسفة بوصفه دخيلاً لا علاقة له بالمعارف الإسلامية. أما الرأي الثاني فيرى أصحابه أن المصطلحات مرهونة بدلالاتها، ولا مشاحة في الاصطلاح. ومن هنا جاء تحريم بعض الألفاظ بسبب مدلولاتها، ومن هذا المنطلق ناقش الشيخ سعيد حوا مصطلح التصوف المشتق من الفلسفة حسب رأي البعض وعارض بشدة منع إطلاقه. وخلاصة رأيه إن الفيصل في المسألة هو المضمون والدلالة التي يحملها اللفظ ، ويتساءل الشيخ عن علاقة كلمة العقيدة بأركان الإيمان وضوابطه، فليس هنالك إلا الدلالة اللغوية، فعقد الشيء ربطه بأحكام. وقد أجمعت كلمة المسلمين على قبول الدلالات الاصطلاحية لهذه الألفاظ، مع أنه لا علاقة مباشرة، وقد لا تكون هناك علاقة بين المعنى اللغوي والاصطلاحي. وجرياً على هذا فلا بأس من إطلاق لفظ التصوف على المعلم الذي يبحث في تزكية النفس وتهذيبها وضبط سلوكاتها الباطنة والظاهرة ، ومن هنا يمكننا القول بأن لفظ فلسفة إذا أخذ على نحو اصطلاحي معين ، وجرد من دلالاته

---

(١) الدكتور علي مدكور ، منهج التربية في التصور الإسلامي ، ص / ٨٦

المعارضة للأصول الإيمانية فإنه من الممكن استخدامه، سيما أن الدلالة اللغوية لهذه الكلمة هـي " حـب الحكمة ". وهذا من الدين لقوله تعالى "ويعلمهم الكتاب والحكمة" (البقرة / ١٢٩) ولا بـأس باستخدام معنى الحكمة اليونانية فإن هذا لا يتعارض مع الرسالة الإسلامية أبداً. [١]

فلسفة التربية الإسلامية

إن مصدري الفلسفة الإسلامية هـما القرآن الكريم والسنة النبوية اللذان يحملان في طياتهما المعارف والعلوم والآداب جميعاً، من التي تعين الناس على معرفة مثلهم وأهدافهم. وقد كان التكامل في نظرية المعرفة الواردة في الآيات القرآنية ذات أثر كبير وواضح في حركة الفلسفة، ونتاج العلماء من السلف الصالح . فقد أنتجت هذه المعرفة في العلوم المتنوعة منها العلوم العقلية كالرياضيات والفيزياء والكيمياء والمنطق، فضلاً عن علوم الدين المختلفة نحو العقيدة والتفسير والفقه والحديث .

يقدم القرآن الكريم آيات كثيرة يمكن أن نستنتج منها فلسفة تربوية، فالإيمان بـالله هـو الأسـاس . لذلك نجده مذكوراً في القرآن الكريم في آيات تزيد على (٧٦٣ آية)، والكلمة الجامعة للعقيدة هي (لا إله إلا الله محمد رسول الله)، وبها يتحقق شرط الإسلام ، وهي تثبت الألوهية والتوحيد المطلق لله . [٢]

المعلم والمتعلم في التربية الإسلامية

لقد تناولنا هذا الموضوع (فصل التدريس)، ومن ذلك مثلاً ، فيما يخص المعلـم أن يكون المعلـم عاملاً بعلمه وأن لا يدخر شيئاً في نصح المتعلمين ، وأن يتعامل مع المتعلمين على قدر فهمهم. أمـا بالنسبة للمتعلم فيكون دوره التقليل ما أمكن من الانشغال بالدنيا ، وألا يتكبر على المعلم وتقـديم مهارة النـفس على رذائل

---

(١) مصطلح الفلسفة الإسلامية ، من إعداد عبد القدوس محمد القضاة ، ص / (٦-١٤) " بتصرف "

(٢) عبد الرحمن النقيب ، في آفاق البحث العلمي في التربية الإسلامية ، ص /٤١

الأخلاق ومذموم الصفات . أما بالنسبة للمنهج الإسلامي فإنه يضم مناحي الإنسان جميعاً، على أن لا تؤثر ناحية على ناحية أخرى ، أو جانب على جانب، مما يدخل تحت مفهوم الإنسان . وأن تتناول الحياة الدنيا والآخرة على قدم المساواة ولا تهتم بواحدة منها على حساب الأخرى ، ونعنى بالإنسان في كل مرافق حياته، وأن تكون التربية مستمرة لا تنقطع . [1]

_____

(١) د. محمد فاضل الجمالي ، فلسفة تربوية متجددة وأهميتها للبلدان العربية ، ص / ٤٩

التقويم الختامي

ضع صح أو خطأ أمام كل واحدة مما يأتي :-

١. التربية من وجهة النظر المثالية هي مساعدة الإنسان في الحياة للتعبير عن طبيعته الخاصة .

٢. لا ترى الفلسفة المثالية أن المتعلم شخص له هدف روحي ينبغي تحقيقه.

٣. المعلم يمثل مفتاح التربية .

٤. الفلسفة الواقعية تهتم بالمتعلم وميوله ورغباته .

٥. الفلسفة البراجماتية لا تركز على المتعلم بل على المعلم .

٦. إن وسيلة المعرفة عند الفلسفة البراجماتية هي الخبرة الذاتية.

٧. الإنسان أقل أهمية من المعرفة في الفلسفة الوجودية.

٨. البناء المعرفي جزء من كيان المعلم الشخصي في الفلسفة البراجماتية .

٩. يغلب التفاؤل على الفلسفة الوجودية.

١٠. الماركسية تسعى إلى إكساب الفرد دوافع جديدة عن طريق الخبرة الحسية المستمرة .

١١. الفلسفة الوضعية المنطقية تبرمج المواد الدراسية على شكل تعليم آلي.

١٢. إن أفكار ابن سينا والفارابي تصبان في العقيدة الإسلامية ولا تتعارض معها.

١٣. إن ضوابط التفكير العقلي تخالف القرآن الكريم.

١٤. الكلمة الجامعة للعقيدة الإسلامية هي لا إله إلا الله محمد رسول الله وبها يتحقق شرط الإسلام.

الوحدة الثالثة

المحتوى

مفهوم المحتوى

هو نوعية المعارف والمعلومات التي يقع عليها الاختيار، والتي تُنظم على نحو معـين، سـواء أكانـت هذه المعارف مفاهيم أم حقائق أم أفكاراً أساسية [1].

ويعد المحتوى من أهم عناصر المنهج ، وهو المؤثر المباشر في الأهـداف التعليميـة لـه التـي يسـعى المنهج إلى تحقيقها .

يشتمل المحتوى على :-

أ-   المعرفة المنظمة المتراكمة عبر التاريخ .

ب- المصطلحات والحقائق والمفاهيم والقوانين والنظريـات التـي يقدمها المعلـم للمـتعلم بصـورة منطقية .

ج- المعرفة المتأتية عن الخبرات البشرية غير المنظمة وغير المنتظمة في حلول معرفية معينة .

د-   الأهداف والأساليب والتقويم .

ويقصد بالمحتوى المقررات الدراسية وموضوعات التعلم وما تحتويه من حقائق ومفاهيم ومبادئ، وما يصحبها أو ما تتضمنه من مهارات عقلية وجسدية وطرائق البحث والتفكير الخاصة بها والقيم والاتجاهات التي تنميها ، وتشمل كل فروع المعرفة المنظمة التي تنشأ نتيجة الدراسة والبحث .

ويشكل المحتوى الوسط الـذي تعمل المدرسـة والمربـون في إطاره لمسـاعدة المتعلمـين عـلى بلـوغ الأهداف المنشودة ، ويتكون هذا المحتوى في التربية الإسلامية من جملة من الحقائق والمفاهيم والمبادئ والقواعد والأحكام الشرعية والأفكار والاتجاهات والقيم المبثوثة في النصوص، والوثائق والمـواد التعليميـة، والمواقف والمهارات الأدائية العملية . [2]

---

(١) المناهج التربوية الحديثة ص / ١٠٠

(٢) أساليب تدريس التربية الإسلامية ، ص / ١١

والمحتوى هو " نوعية المعارف والمعلومات التي يقع عليها الاختيار، والتي تـنظم عـلى نحـو معـين سواء أكانت هذه المعارف مفاهيم أم حقائق أم أفكاراً سياسية"[1]

أو هو مجموعة المعارف التي تشمل المصطلحات والقواعد والقوانين التي يتضمنها المنهج أو المـادة ، وتمتاز بالتسلسل المنطقي، كما وانه يعد ترجمـة للأهـداف التعليميـة المـراد تحقيقهـا خـلال مـدة زمنيـة محددة " [2]

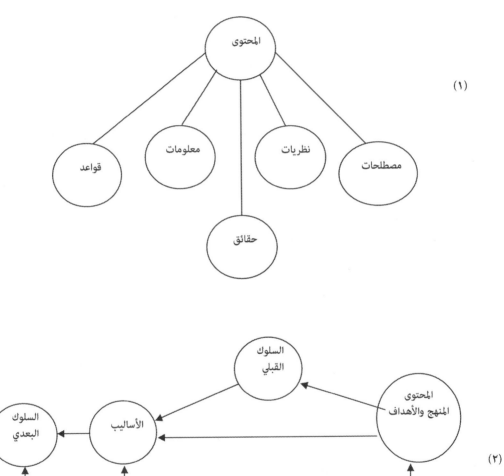

(١)

(٢)

(١) المناهج التربوية الحديثة ، مفاهيمها ، وعناصرها وأسسها وعملياتها ، ص / ٩٩-١٠٠ (بتصرف)

(٢) القياس والتقويم التربوية واستخدامه في مجال التدريس الصفي ، ص / ٣١٧

مجالات المعرفة المنظمة

أ- العلوم الطبيعية

ب- العلوم الاجتماعية " الإنسانيات " والفلسفة ، والاجتماع ، والجغرافية، والتاريخ، وعلـم السـكان ، والسياسة ، والاقتصاد .

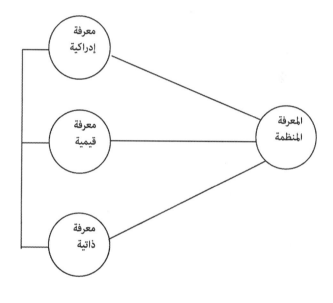

الشكل (١)
معايير الأهداف

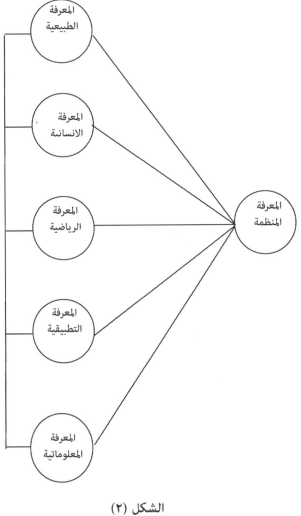

الشكل (٢)
المجالات والحقول

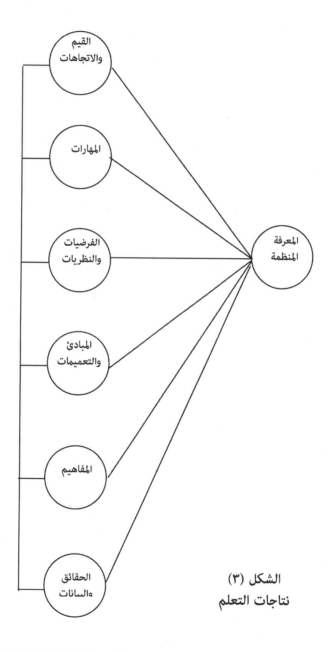

الشكل (٣)
نتاجات التعلم

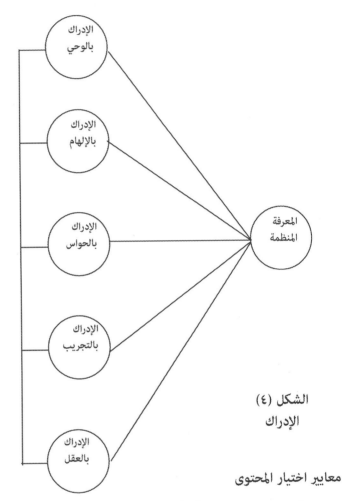

الشكل (٤)
الإدراك

معايير اختيار المحتوى

١.   أن يكون المحتوى مرتبطاً بالأهداف

٢.   أن يكون هناك توازن بين شمول المحتوى وعمقه

٣.   أن يراعي ميول المتعلم وحاجاته وقدراته

٤.   أن يكون المحتوى نظرياً وتطبيقياً " أي الاستمرار والتتابع والتكامل "

٥. أن يكون المحتوى معاصراً وينمي روح استشراف المستقبل

٦. أن تعرض الموضوعات وفقاً لقدرات المتعلمين واستعداداتهم، ومدى تقبلهم مراعين في تنظيمه ما يأتي :-

أ- الانتقال من المحسوس الى المجرد

ب- الانتقال من المعلوم إلى المجهول

ج- الانتقال من البسيط إلى المركب

د- الانتقال من السهل إلى الصعب

هـ- الانتقال من الماضي إلى الحاضر

و- الانتقال من الجزء إلى الكل

طرق اختيار المحتوى

ويختار المحتوى في العمليات التربوية بطرق ثلاث هي :-

١. أن تعتمد على حاجات المتعلمين ومشكلاتهم ، وعلى المهارات التي يحتاجون إليها في حياتهم وأعمالهم، وكذلك على المعارف المتوفرة . وبناء على ذلك يختار المحتوى الذي يحقق حاجات المتعلمين المذكورين، ويساعدهم على تحقيق ذاتهم وفق فطرة الله فيهم " ذكوراً وإناثاً " .

٢. أن تهتم بتحديد مطالب المادة التعليمية أكثر من الاهتمام بحاجات المتعلمين. فالترتيب المنطقي للمواد الدراسية وكل المعارف والمعلومات والتطورات التي تحدث للمواد الدراسية يجب أن يتضمنها محتوى المنهاج .

وهذه الطريقة ترفع من قيمة المادة التعليمية والمعرفة والمعلومات على قيمة الإنسان المتعلم وحاجاته ومشكلاته ومطالبه

٣. طريقة اختيار المنهج عن طريق الخبرة ، أي عن طريق الخبراء في كل مجالات المعرفة ، لأن الخبراء يستخدمون خبراتهم الطويلة العميقة في اختيار محتوى المنهج ، كل في مجال تخصصه

مبادئ اختيار المحتوى

١. النظر إلى المحتوى الدراسي على أنه أداة لتحقيق أهداف معينة وليس غاية في ذاته . لهذا ينبغي أن يتطور في ضوء الأهداف التربوية المرسومة والحاجات المتجددة والمشكلات التي تفرزها الحياة .

٢. ملاءمة محتوى الدراسة لواقع الحياة ومشكلاتها واستجابته لأهداف المجتمع، والتغيرات الحاصلة فيه، والتطورات العلمية والأدبية والثقافية.

٣. توافر الوحدة والانسجام والتكامل بين الموضوعات ومواد الخبرات التعلمية التي يتضمنها المنهاج ، ويتحقق ذلك بمراعاة الاستمرارية والتتابع والتكامل الأفقي والرأسي في تنظيم الخبرات.

٤. مراعاة المرونة والتوسع لتناسب المواد التعليمية حاجات المتعلمين وميولهم وقابلياتهم المختلفة .

٥. تأكيد المفاهيم والمبادئ الرئيسة وعلى أساليب التفكير وطرق البحث أكثر من الاهتمام بالمعارف المجزأة والمعلومات التفصيلية .

٦. التكامل بين الجانب النظري والتطبيقي ، أي بين العلم والعمل بحيث يكون طابع المناهج أكاديمياً وعلمياً نظرياً وتطبيقياً في آن واحد .

٧. حفظ التوازن في محتوى المنهاج في كل معيار من معايير اختيار المحتوى[١].

٨. الصدق والثبات

وهو أن يكون محتوى المنهج صحيحاً من الناحية العلمية ، أي ليس خاطئاً أو مضللاً . وعلى واضعي المنهج أن يراجعوا محتواه من وقت إلى آخر للتثبت من صدقه وتطوير المناهج بين فترة، وأخرى لتنقيته من المواد التي لا تصلح

(١) أساليب تدريس التربية الإسلامية ، ص / ١٢

بمرور الوقت ، ويؤدي صدق المحتوى إلى تحقيق الهدف المطلوب فبقدر ما يحقق محتوى المنهج الهدف المنوط به يكون المحتوى صحيحاً وصادقاً .

٩. الأهمية : وهي أن يختار المحتوى المهم بالنسبة لاكتساب التعليم والمهارات والمفاهيم الأساسية، وتنمية القيم والاتجاهات المرغوب فيها . فأهمية المحتوى تقاس بمقدار ما يسهم هذا المحتوى في تحقيق أهداف المتعلم ، وأهمية المحتوى تحدد استمراريته لمدة من الزمن، بأن يدخل المنهج ويتعلمه المتعلمون .

من متابعة الأهمية أمر ضروري، خاصة وأن المهم اليوم قد لا يكون كذلك غداً، وذلك للانفجار المعرفي والاتصالات وتطور النظريات التربوية بصورة مستمرة.

١٠. أن يكون المحتوى اقتصادياً : وهو أن يكون الجهد في تعليمه أقل من الجهد الذي يبذل في تدرب مادة أخرى ، وكذلك بالنسبة للطلاب وأن يفيد الطلاب فالاقتصاد في المحتوى له صلة بالعلم والمتعلم وليس هذا مقارنة بين جهد المعلم والمتعلم فقد يكون أحدهما أكثر من الآخر وينبغي ألا يفهم أن بذل الجهد في التعلم غير مطلوب لأن هناك فرقاً بين بذل الجهد وتكراره .

١١. إشباع محتوى المنهج لاهتمامات المتعلمين وحاجاتهم : ويكون ذلك بتوجيههم أو توجيه انتباههم للموضوع الذي يهتم به، وبذل جهد أكبر ووقت أطول في معرفته أو متابعته، بدافع داخلي دون ملل أو سأم . أما الحاجة فناشئة عن نقص يشعر به الفرد، ويحاول أن يستكمله سواء أكانت هذه الحاجة بيولوجية أم نفسية أم اجتماعية، يسعى الفرد أن يوفرها لنفسه أو يشبع بها تلك الحاجة. ومهما يكن من أمر فإن بعض المربين يرعى أن تكون اهتمامات المتعلمين وحاجاتهم معياراً لاختيار محتوى المنهج، أي أن تدور موضوعات المنهج حول الخبرات ، وهذا المنهج هو رد فعل للمناهج المبنية على المواد الدراسية التي يختار موضوعاتها الكبار، فلا تشبع حاجات المتعلمين ولا اهتماماتهم . وسميت بعض المناهج بالتربية التقدمية التي قاد حركتها (جون

ديوي)، والتي كانت تدعو إلى قيام مناهج التعليم على إشباع حاجاتهم ومقابلة اهتماماتهم. وهناك أيضاً منهج النشاط أو منهج المشكلات وغيرها .

ويدافع المربون عن هذا الاتجاه لأنهم يرون أن تكون الاهتمامات والحاجات معياراً لاختيار محتوى المنهج، لأن هذا المحتوى سيساعد على اشباع حاجات المتعلمين واهتماماتهم، لأنه مبني على اختياراتهم. وبقدر ذلك فإن بعض المربين ينقدون هذا المبدأ أو المعيار في اختيار محتوى المنهج، لأنه لا يعي بنية المجتمع، وأنه لا يمكن تحقيق التتابع والتسلسل بين موضوعات هذا المنهج، وأن الحقائق تهمل في هذا المنهج، وكذلك المعلومات والمعارف، وهي عناصر مهمة ولازمة لحياة المتعلم . ويوصف المنهج بكونه رخواً وهشاً وليناً عندما يكون الطلاب فيه مدللين، لأنهم يختارون ما يدرسون، وكيف يدرسون. وكلما كان التعلم أصعب يكون أجدى وأنفع .

ويختار الدكتور إبراهيم الشافعي عدم إهمال حاجات المتعلمين واهتماماتهم كلية في اختيار محتوى المنهج ، تحديد بعض الأنشطة وخبرات التعلم التي تضمن في المنهج، والأخذ بحاجات المجتمع في حاضره ومستقبله، ومتطلبات المادة الدراسية، والمهارات والقدرات التي ينبغي أن يكتسبها المتعلمون، والميول والاتجاهات والقيم التي ينبغي أن تُنمى لدى المتعلمين [1] . وفي الجانب الإسلامي فإن التربية الإسلامية تأخذ بجانب اهتمامات الطلاب وحاجاتهم، إلا أنها تلزم الطلبة بموضوعاته، ولا يجوز ترك بعضها، لأنها تربية ربانية تنبع من الكتاب والسنة .

١٢. أن يحقق المحتوى أكبر عدد من الأهداف التربوية المرغوب فيها .

١٣. قابلية المحتوى للتعلم : أي لا يكون صعباً على المتعلمين، وتأتي صعوبته بعض الأحيان من :-

(١) المنهج المدرسي من منظور جديد ص / ٢٠٨

أ. ‌الضغط الاجتماعي .

ب. ‌يرى بعض التربويين أن الفائدة في المنهج هي في صعوبته.

ج. ‌اختلاف مستويات الطلبة .

د. ‌التنافس بين المدارس العامة والخاصة .

هـ ‌تقوية المناهج بالمجالات التقنية الحديثة .

١٤. مناسبة المحتوى للزمن أو الظرف .

وفيها يفترض واضعو المناهج أن الزمن يلائم المناهج الطويلة أو الصعبة ، ثم يتركون الأمر إلى المدرسين لتكييف تنفيذ المنهج، إذ يصعب تطبيقه بسبب سوء الافتراض . ويرى الدكتور إبراهيم الشافعي أن من الأفضل تحديد محتوى المناهج في ضوء الظروف والإمكانيات الموجودة، ثم متابعة ذلك متابعة مستمرة، فإذا تحسنت الظروف طور المنهج إلى ما هو أفضل أو بما يناسبها، مع حفظ جوهر المناهج ومحتواها الأساسي وحقائقه واتجاهاته الرئيسة، وإن تعددت مستوياتها [١] .

١٥. تضمين المحتوى ممارسة الأنشطة الهادفة

وذلك لأن المنهج يسعى لتحقيق الأهداف ، فلا بد أن يشمل المحتوى الأنشطة المختلفة ، أي تهيأ الفرص لتنفيذ النشاطات المختلفة ، فإن تضمين المحتوى ممارسة الطلاب للأنشطة يحقق بالتأكيد أهداف المنهج [٢] .

تحليل المحتوى الدراسي

عرف التربويون طريقة تحليل المحتوى بشتى التعريفات منها :-

(١) المنهج المدرسي من منظور جديد ص / ٢١٢

(٢) المصدر السابق ، ص / ١٩٦-٢١٣ " بتصرف "

١. عرفها بيرلسون Berlson بأن تحليل المحتوى هو أحد الأساليب البحثية التي تستعمل في وصف المحتوى الظاهر أو المضمون الصريح للمادة وصفاً موضوعياً منتظماً، كمياً .

٢. وعرفها بيسلي Pasily بأنها جانب في عملية الاتصال يحول فيها محتوى الاتصال بالتطبيق الموضوعي المنهجي لقواعد التصنيف إلى بيانات يمكن تلخيصها ومقارنتها .

٣. وعرفها كارترايت Cartwright قائلاً بأن تحليل المحتوى والترميز يستعمل على شاكلة واحدة للدلالة على الوصف الموضوعي المنظم والحكم لأي سلوك رمزي [١] .

وفي تحليل المحتوى تظهر مجموعة من العمليات التي نقوم من خلالها بالتعرف إلى مكونات المنهج وأجزائه (العناصر الرئيسة) والمادة التعليمية، إذ يقوم المعلم بهذه العملية من أجل بناء اختيار يتضمن فقرات أو أسئلة تكون بمثابة عينة ممثلة للأهداف التعليمية والمحتوى الدراسي معاً .

وتحليل المنهج يشتمل على المصطلحات والحقائق والمفاهيم والقوانين والنظريات التي يقدمها المعلم للطالب بصورة منطقية، لا سيما وأن مجموعة المعارف تكون مترابطة ومتماسكة، من حيث البدء في المعارف البسيطة (الأساسيات)، ومن ثم تأتي المعارف المتقدمة ، إذ يكون التعلم الحالي مرتبطاً بالتعلم السابق [٢] . فتحليل المحتوى إذن أسلوب في البحث لوصف المحتوى الظاهر للاتصال وصفاً موضوعياً منظماً وكمياً .

وقد أضاف تحليل المحتوى عنصراً جديداً لما كان مألوفاً ، وهو تطوير أساليب مفصلة لمعالجة المواد المكتوبة بطريقة كمية .

(١) تقويم كتب التربية الإسلامية في ضوء الأهداف التربوية ، ص / ٨٧
(٢) تقويم كتب التربية الإسلامية في ضوء الأهداف التربوية ، ص / ١٠٩

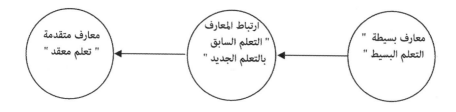

معارف متقدمة
" تعلم معقد "   ←   ارتباط المعارف
" التعلم السابق
بالتعلم الجديد "   ←   معارف بسيطة "
التعلم البسيط "

قواعد التحليل وأسسه

يشير التربويون إلى تقسيم وحدات تحليل المحتوى الأساسية المعتمدة وهي :-

١- الكلمة " Word " : وهي أصغر الوحدات في تحليل المحتوى ، وقد تكون هذه الكلمة معبرة عـن
معنى أو مفهوم أو رمز أو مدلول أو شخصية معنية، والكلمة من أسهل وحدات القياس ، إن وحـدة
الكلمة يمكن أن تنفع في دراسة القراءات من ناحية تحديد صعوباتها وسهولتها .

٢- وحدة الفكرة " The Method Unit " : وهي أكبر الوحدات في المحتوى، وأكثرها فائدة واستخداماً،
وهي أصعب من الكلمة عند التحليل، وذلك لأن الفكرة أكثر تعقيداً ، فقد تبدو وكأنها تشير إلى أكـثر
من مفهوم أو معنى، ما لم يتم تحديد المراد بدقة . والفكرة عبارة عن جملة بسيطة أو عبارة تتضـمن
فكرة من الأفكار التي تبحث عنها لتحليل المحتوى .

٣- وحدة الموضوع " Theme Unit " : وهي النص الكامـل كـأن يكـون قصة أو مقالـة أو قصيـدة، وهـو
الموضوع الذي يقوم المحلل بتحليل محتواه ، ويتميز الموضوع بالاتساع واحتمال ضعف مدى الثبـات

٤- وحدة الشخصية " Chracter Unit " : وهي من وحدات تحليل المحتوى التي تفيد القصص والروايات
المسرحية . [١]

---

(١) تقويم كتب التربية الإسلامية في ضوء الأهداف التربوية / ص ١٠٩ .

٥- مقاييس المساحة والزمن " Space and Time Measures " : وهذه الوحدة قد لا تكون مهمة إلى حد كبير، ولا سيما في البحوث السلوكية ، وهي من المقاييس المادية التي تستعمل للتعرف إلى المساحة التي تشغلها المادة المحللة، أو المدة الزمنية التي تستغرقها المادة المحللة ، فيما إذا كانت مذاعة أو مبثوثة أم مكتوبة في أجهزة الإعلام ووسائله المختلفة .

٦- وحدة التعداد " Counting Unit " ويستعمل التكرار وحدة للتعداد في حالة ظهور الفكرة التي تعبر عن هدف سلوكي ، ويُعطى لكل فكرة في المحتوى وزنٌ متساوٍ .

وهذه الطريقة الأكثر استعمالاً في مجال التحليل [1] .

ضوابط تحليل المحتوى

١. أن تكون الفئات المستخدمة لتصنيف المحتوى معرفة تعريفاً واضحاً ومحدداً، بحيث يستطيع الأفراد الآخرون تطبيقها على المحتوى نفسه لتحقيق النتائج

٢. ألا يترك المحلل حراً في اختيار ما يدهشه وكتابته، وما يعده مثيراً للاهتمام، بل ينبغي أن يُصنّف كل المواد المتصلة بالموضوع في عينته منهجياً.

٣. استخدام أساليب كميّة لكي تزودنا بمقياس لما تعطيه المادة وتسمح بمقارنتها بعينات أخرى من المادة .

اتجاهات تحليل المحتوى

لتحليل المحتوى اتجاهان هما :-

---

(١) المصدر السابق ، ص / ١١٠

الاتجاه الأول : الاتجاه الوصفي

ومن أشهر تعريفات هذا الاتجاه تعريف بيرلسون " Berlson " الـذي يشـير فيـه إلى أن تحليـل المحتوى هو أسلوب بحث وصفي كمي منتظم ، موضوعي للمحتوى الظاهري . وعرف كابلان " Kaplan " تحليل المحتوى بأنه الدلالات الإحصائية لألفاظ الموضوعات الأساسية The Statically Semantics .

وهذا الاتجاه يتحدد بنقاط أربع هي :-

١. أن يركز على الاستعمال الوصفي فقط لتحليل المحتوى .

٢. أن يرتبط هذا الاستعمال بالمحتوى الظاهر للاتصال، وليس بالمعاني الكامنة.

٣. أن تستعمل نتائج التحليل في تفسير المعاني الكامنة، وأن يكون ذلك الاستعمال تحت ظروف معينة ترتبط بتحديد نموذج، لوضوح محتوى الاتصال من جانب والفهم والإدراك لهذا المحتوى من جانب آخر. ولا يفترض تطابق عنصري لهذا ألا نموذج في جميع الظروف

٤. إن وجود تحليل على وفق هذا الاتجاه يجب أن يقـف عنـد مجـرد الوصـف، مـن دون أن تتعـدى ذلك إلى رسم علاقة بين عناصر العملية والاتصال أو التنبؤ، باتجاهات هذه العناصر وردود أفعالهـا

الاتجاه الثاني : الاتجاه الاستدلالي

والاتجاه الاستدلالي يتخطى مجـرد وصـف المحتـوى إلى الخـروج باسـتدلالات مـن عنـاصر العمليـة الإعلامية، والمعاني المضمنة أو الكامنة في المحتوى . ويمكن تحديد هذا الاتجاه بنقاط:-

١. إسقاطه الاهتمام بالتركيز على المحتوى الظاهر فقط.

٢. إن الهدف الأساسي من عملية تحليل المحتوى هـو الكشـف عـن المعـاني الكامنـة وقـراءة مـا بـين السطور.

٣. الاستدلال من خلال المحتوى عن الأبعاد المختلفة لعملية الاتصال وتأثيراته.

٤. الاهتمام بالمقاييس الكمية وشرط العدد (الإحصاء)، وإن كانت لا تساق في التعريف، إلا أنها تعد طلباً يحقق الموضوعية في تحليل المحتوى.

٥. استعمال تحليل المحتوى في تحقيق الفروض العملية واختيارها .[1]

تنظيم المحتوى

إن الغرض من تنظيم المحتوى ، هو أن يؤدي إلى التعلم بشكل أسرع وأسهل، وبشكل متدرج، بحيث أنه ينمو ويتعمق ويثبت لدى المتعلم، وتستمر آثاره معه، وكذلك فإنه يسعى عن طريق التنظيم إلى ما يأتي :-

١. السرعة في التعلم .
٢. السهولة في التعلم .
٣. التدرج في التعلم .
٤. النمو في التعلم (فترتيب خبرات المتعلم تساعد على النمو في التعلم).
٥. استمرار التعلم (فتعلم الشيء لأول مرة لا يضمن استمراره، فلا بد إذن من استمراره).
٦. تكامل التعلم (بأن تدعم خبرات التعلم بعضها البعض وتنسق معها) .

مستويات تنظيم المحتوى

ينقسم تنظيم محتوى المنهج إلى مستويين :-

أولاً : مستوى رأسي Vertical ومن مبادئه

أ. التدرج من المحسوس إلى المعنوي : أي يمر المتعلم بالأشياء المحسوسة أولاً ، ثم ينتقل إلى المعاني والمفاهيم المعنوية المجردة .

---

(١) نفس المصدر السابق ، ص / (٦٤-٦٥)

ب. التدرج من المعروف إلى المجهول ، أي أن يبدأ بخبرات المتعلم وصولاً إلى الخبرات الجديدة المجهولة لديه .

ج. التدرج من البسيط إلى المعقد .

معارف بسيطة
ارتباط التعلم السابق بالتعلم الجديد
معارف معقدة

د. التدرج من الجزء إلى الكل .. فإذا عرفت الأجزاء سهلت معرفة الكل .

ه. التدرج من الكل إلى الأجزاء ومن العام إلى التفاصيل ، أي أن يبدأ المتعلم في الفكرة العامة ثم يدخل بعد ذلك في التفاصيل .

و. مبدأ التتابع الزمني ، أي دراسة الموضوعات بحسب تسلسلها الزمني ، فدراسة السابقة يسهل أمر دراسة اللاحقة [1] .

ثانياً : المستوى الأفقي Horizental

ويعني الربط بين ما يدرس المتعلم في المدرسة من مواد مختلفة ، وبين ما يتعرض له المتعلم من خبرات في الحياة (كاهتماماته ومشكلاته واحتياجاته). فهو إذن يحقق التكامل بين كل خبرات المتعلم وفرصه وأنشطته . ويعني هذا تكامل المعرفة وتجميعها وتوحيدها .

---

(١) المنهج المدرسي من منظور جديد ، ص / ٢٢٠-٢٢٤ " بتصرف "

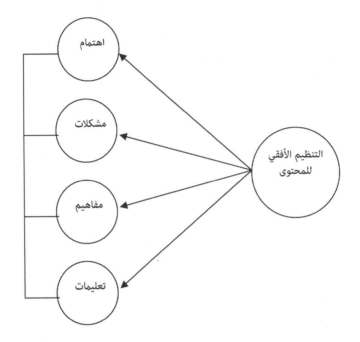

ويقصد بالمستوى الأفقي إحكام الصلة بين موضوعات كل مادة دراسية وموضوعات المواد الدراسية الأخرى ، وبين المواد الدراسية الأخرى عامة، وأنشطة الحياة الخارجية التي يحتاجها المتعلمون. والهدف من التنظيم على هذا المستوى تحقيق التكامل بين كل ما يتعرض له المتعلمون من خبرات التعلم وأنشطته . ولا بد من إيجاد محور أو مركز تدور حوله الدراسة، وتجتمع الأنشطة، كأن يكون المحور مشكلة أو مفهوماً أو قيمة أو مبدءاً من المبادئ التي تجمع حولها المعلومات والحقائق من كل حقل، وتمارس الأنشطة من كل نوع .[1]

(١) المصدر السابق ، ص / ٢٣٢-٢٣٩ " بتصرف "

التقويم الأثنائي

1. كيف يُنظم المحتوى ؟ وما الغرض من ذلك ؟
2. ما مستويات تنظيم المحتوى ؟

" يشارك المعلم متعلميه بالإجابة عن هذا السؤال إتماماً للفائدة "

3. ماذا يقصد بالمستوى الأفقي ؟ وما الفرق بينه وبين المستوى الرأسي ؟

" يشارك المعلم متعلميه في الإجابة عن هذا السؤال "

محتوى منهج اللغة العربية

إن محتوى منهج اللغة العربية يتأثر بالأهداف التي يرمي إلى تحقيقها ذلك المنهج، سواء في اختيـار المحتوى أو تنويع مجالاته. وينظم المحتوى في ضوء معايير تتفق ومبادئ وأهداف تـدريس اللغـة العربيـة، بحيث يسهم المحتوى في تدعيم وتقوية الجوانب اللغوية لدى المتعلم، وأن يصب المحتوى في بنـاء كفايـة المتعلم بشكل مباشر .

إن المحتوى يجب أن يهتم بالشكل الذي يسهم في بناء الإنسان، وأن يستشهد بالتراث اللغوي العربي في كل مجال يتحدث فيه ، وإن اهتم المحتوى بهذا الأمر مكن أن يدرك أهمية الرسالة الإسلامية ويفهم بـه القرآن الكريم والحديث النبوي الشريف والعقائد الإسلامية، زيادة على فهم ما تبقى مـن مجـالات اللغـة كالنقد والبلاغة ، وترجمة مفاهيم المختصين بها .

ويجب أن يهتم المحتوى بالدراسات الاجتماعية والتطبيقية، إذ إن اللغة العربيـة تتعامـل مـع كـل الجوانب العلمية لأنها أداة الدراسة والفهم ، وهي أداة مهمة لفهم اللغات الأخرى لأنها تترجم بها . وحـين يأخذ المحتوى بكل ذلك فإنه سوف لن ينعزل عن مستحدثات العصر التي كثيراً ما تفيد المجتمـع والفـرد، وتساعدهما على التخصص اللغوي والتطور والنمو .

إن الضوابط اللغوية تحكم المحتوى والمعرفة التي يتضمنها ، وذلك مـا يجعلهـا إيجابيـة للمـتعلم ، فضلاً عما يسهم به محتوى اللغة العربية في إعداد المتعلم العربي لمستقبل أفضل ، إن جـرى ذلـك في إطار صحيح .

موقف الاختيار للمادة

١. وفرة المواد وضخامتها .

٢. المدة التي يقضيها المتعلمون في المدرسة قصيرة .

٣. إن المعلومات والمعارف مفيدة .

٤. إن المتعلم يتمكن من تعليم نفسه .

٥. إن المتعلم قد لا ينقطع عن تعليم نفسه.

٦. تأثير الحقول في بعضها البعض .

معايير اختيار المحتوى

إن أهم معايير اختيار المحتوى ما يأتي:

١. أن يكون المحتوى مرتبطاً بأهداف تدريس اللغة العربية ومتسقاً شكلاً ومضموناً بها.

٢. أن يكون هناك توازن بين عمق المحتوى، وأن تتكامل فيه علوم تدريس وحدات اللغة العربية.

٣. أن يراعي المحتوى ميول المتعلمين وحاجاتهم وقدراتهم.

٤. أن يكون المحتوى مراعياً للمعاصرة إلى جانب اهتمامه باللغة كتراث .

٥. أن يعرض موضوعات اللغة العربية وفقاً لقدرات المتعلمين واستعدادهم، ومدى تقبلهم مراعين

في تنظيم المحتوى ما يأتي :-

أ. الانتقال من المعلوم إلى المجهول .

ب. من المحسوس إلى المجرد .

ج. من البسيط إلى المركب .

د. من السهل إلى الصعب .

ه. من الماضي إلى الحاضر .

و.   من الجزء إلى الكل [1] .

أهداف محتوى منهج اللغة العربية

إن هناك جملة أهداف موضوعية لا بد من وضعها بنظر الاعتبار عند تنظيم منهج تدريس اللغة

العربية منها :-

١.   السرعة في التعلم .

٢.   السهولة في التعلم .

٣.   التدرج في التعلم .

٤.   النمو في التعلم .

٥.   استمرار التعلم (كالتطبيق على المبادئ والقواعد والقوانين التي تتعلم).

٦.   تكامل التعلم : أي أن تدعم خبرات التعلم بعضها البعض الآخر وتنسق معها، أي أن التنظيم الجيد لمحتوى المنهج يؤدي إلى تعلم أكثر فعالية ، وإن تنظيم محتوى المنهج ومادته يبنى على احتياجات المتعلم ومتطلبات نموه وحل مشكلاته وإشباع اهتماماته [2] . ومن محاولات تنظيم محتوى المنهج ، تجميع المواد المتشابهة في مقرر واحد وتخصيص مدرس واحد لها وكتاب واحد كذلك، كتجميع القواعد والأدب والنصوص والإملاء في مادة واحدة واسعة تسمى "فنون اللغة " وهو ما يسمى التنظيم الأفقي للمنهج ويدخل فيما يسمى "تنظيمات المنهج " .

وتقوم مبادئ التنظيمات في إحداث تغييرات في نظام المعلومات والحقائق في حقول المعرفة المختلفة ، وذلك بتقديم بعضها على البعض الآخر ، كأن تدرّس المرفوعات في القواعد قبل المنصوبات، وتدريس أجزاء الكلام من اسم وفعل وحرف قبل تدريس الجملة التي تتركب من هذه الأجزاء وهكذا .

---

(١) أساسيات المناهج التعليمية ، ص / ١٠٢

(٢) المنهج المدرسي من منظور جديد ، ص /٢١٨-٢٣٢ " بتصرف "

طرق اختيار المحتوى

يُختار المحتوى في العمليات التربوية بطرائق ثلاث هي :-

الطريقة الأولى : وتعتمد على حاجات المتعلمين ومشكلاتهم والمعارف والمهارات التي يحتاجون إليها في حياتهم وأعمالهم. وبناء على ذلك يختار المحتوى الذي يحقق هذه الحاجات للمتعلمين ويساعدهم على تحقيق ذواتهم وفق فطرة الله فيهم ذكوراً وإناثاً .

الطريقة الثانية : تهتم بتحديد مطالب المادة التعليمية (وهنا اللغة العربية) أكثر من اهتماماتهم بحاجات المتعلمين، فالترتيب المنطقي للمواد الدراسية وكل المعارف والمعلومات والتطورات التي حدثت للمادة الدراسية يجب أن يكون متضمناً في محتوى المنهج. وهذه الطريقة غالباً ما ترفع قيمة المادة الدراسية والمعرفة والمعلومات على قيمة الإنسان وحاجاته ومشكلاته ومطالبه .

الطريقة الثالثة : هي طريقة اختيار المنهج عن طريق الخبراء في كل مجال من مجالات المعرفة ، فهؤلاء لا يستخدمون خبراتهم الطويلة في اختيار محتوى المنهج كل في مجال تخصصه .

ومنهج التربية والتعليم في تدريس اللغة العربية يركز على الطريقة الثالثة الخاصة باختيار المنهج عن طريق الخبراء في كل مجال من مجالات اللغة العربية، لأنهم يعرفون كيف يستخدمون خبراتهم الطويلة في اختيار محتوى اللغة العربية كل في مجال تخصصه ، إلا أن منهج تدريس اللغة العربية لا يهمل الطريقتين الأخريين ، فهو يعتمد على الترتيب المنطقي للمواد الدراسية، وتحديد مطالب المادة التعليمية . وكذلك تدرك حاجات المتعلمين ومشكلاتهم ، والمعارف والمهارات التي يحتاجون إليها في حياتهم ودراستهم للغة العربية . والمنهج يعتمد على المتخصصين في كل مجالات المعرفة ، وإنه يبحث عن كل معرفة مفيدة مهما كان

مصدرها . فالحكمة ضالة المؤمن حيثما وجدها ، فهو أحق الناس بها كما قال رسول الله صلى الله

عليه وسلم ، فلا بد إذن من إعطاء اهتمام لمستوى المادة التي تختار للمنهج .

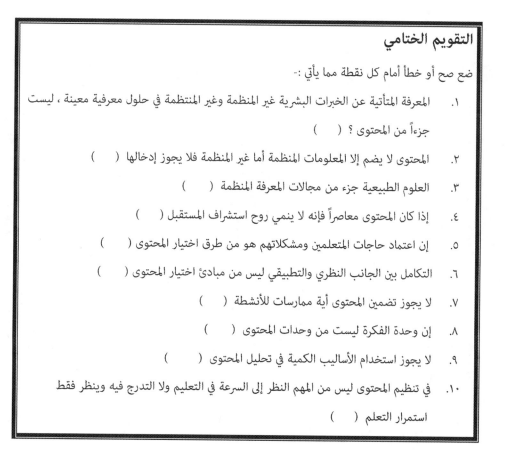

التقويم الختامي

ضع صح أو خطأ أمام كل نقطة مما يأتي :-

١. المعرفة المتأتية عن الخبرات البشرية غير المنظمة وغير المنتظمة في حلول معرفية معينة ، ليست جزءاً من المحتوى ؟ ( )

٢. المحتوى لا يضم إلا المعلومات المنظمة أما غير المنظمة فلا يجوز إدخالها ( )

٣. العلوم الطبيعية جزء من مجالات المعرفة المنظمة ( )

٤. إذا كان المحتوى معاصراً فإنه لا ينمي روح استشراف المستقبل ( )

٥. إن اعتماد حاجات المتعلمين ومشكلاتهم هو من طرق اختيار المحتوى ( )

٦. التكامل بين الجانب النظري والتطبيقي ليس من مبادئ اختيار المحتوى ( )

٧. لا يجوز تضمين المحتوى أية ممارسات للأنشطة ( )

٨. إن وحدة الفكرة ليست من وحدات المحتوى ( )

٩. لا يجوز استخدام الأساليب الكمية في تحليل المحتوى ( )

١٠. في تنظيم المحتوى ليس من المهم النظر إلى السرعة في التعليم ولا التدرج فيه وينظر فقط استمرار التعلم ( )

الوحدة الرابعة

التخطيط للدروس اليومية

التخطيط

تمهيد

يعطي المعلمون الجدد أهمية كبيرة للتخطيط ، أو تخطيط المنهج اليومي ، إلا أنه بعد أن يتمرس على هذه العملية يتباطأ بها بعد ذلك ، حتى يكاد يمارسها ممارسة روتينية لا أهمية كبيرة لها، بالرغم من إشراف المدراء والمفتشين التربويين والفنيين لها . وكثير من المعلمين يهملون الخطط هذه ولا يأخذونها معهم الى الصف على الرغم من أهميتها في ذلك المكان .

والحقيقة أن المعلم الناجح والواعي يدرك أهمية إعداد مثل هذه الخطة ويأخذها معه إلى الدرس ، زيادة على الوقت الثمين الذي يخصصه لمراجعتها وإعادتها وترتيبها وتطويرها ، إذ إن التخطيط عملية تنموية غير جامدة ، وهي التي تهيئ أسباب النجاح للمعلم .

أهمية التخطيط اليومي للمعلم

يمكن اختصار أهمية الخطة اليومية للمعلم بجملة نقاط منها :-

١. إن التخطيط والتهيئة للخطة اليومية يرغم المعلم على الرجوع إلى المصادر والمراجع العلمية لمعرفة نواحي النقص الذي قد تعانيه خططه ، وفي الوقت نفسه يكون متابعاً شيئاً فشيئاً لمستجدات التخطيط (up to date) .

٢. الرجوع إلى المصادر والمراجع المختلفة في التخطيط يساعد المعلم على الابتكار والتجديد ، ويجعل من الماضي غير الحاضر ، ويجعل من التطوير أمراً ممكناً دائماً

٣. الرجوع إلى المصادر العلمية والتخطيطية المختلفة يجعل المعلم مرتباً جيداً للمعلومات " ذهنياً وكتابياً "، والترتيب من أساسيات النجاح بطبيعة الحال.

٤. والرجوع إلى المصادر العلمية سبب أكيد في التعرف إلى صعوبات المواضيع والمعلومات التي يجهلها، أو معرفة الكثير من الموضوعات التي ربما لم تمر عليه سابقاً، فيكون ذا دراية بالأمور العامة مما يجعله ثقة أمام تلامذته.

٥. التخطيط يساعد المعلم على التعرف إلى طريقة توزيع الدروس واستغلال الوقت، ليكون كافياً للمحاضرة فيعطي للموضوعات الجادة أهميتها، ويختصر أو يطيل ببعض الموضوعات.

٦. التخطيط يعطي المعلم فرصة لتخصيص وقت للتقويم كالتقويم القبلي والتقويم الأثنائي والتقويم البعدي.

٧. يساعد التخطيط على زرع الثقة في المعلم نفسه ، فيكون قديراً على معاملة الطلبة من جانب ، وإدارة العملية التربوية والقيادة الصفية من جانب آخر .

٨. يساعده التخطيط على اكتشاف الكثير من عيوبه أو عيوب الموضوعات في الجوانب المختلفة ، كالأهداف والمحتوى ، وكذلك الموضوعات التي يكتنفها الغموض أو عيوب الطباعة في الكتب المقررة .

٩. يساعد التخطيط المعلم على معرفة الأهداف السلوكية المراد تحقيقها وتحديدها، على أن يكون المعلم عارفاً بالأهداف ومستوياتها، ليتمكن من تحديد الأهداف المراد تحقيقها من خلال دروسه .

١٠. قدرة المعلم على معرفة الخصائص الفردية وتحديدها لكل طالب من طلابه وميوله ومعرفة الفروقات الفردية بين المتعلمين ليتمكن من مراعاتها .

١١. إن التخطيط يساعده على إعداد الأسئلة الخاصة بالدرس، وكذلك نقاط المناقشة التي تنمي القدرات العقلية للطلاب .

١٢. يساعد التخطيط المعلم على تعريفه بوسائله التعليمية المختلفة وإعدادها، أو طلب ما ينقص منها من الإدارة والتعريف بكيفية استخدامها، ليساعده في إيضاح المعلومات التي يريد إيصالها إلى التلامذة .

تحضير الدروس اليومية

ويقوم المعلم بتحضير مادة لدرسه اليومي خلال الحصة المقررة (وأغلبها خمس وأربعون دقيقة) ، وقد وضع هربرت طريقته التي يتبعها معظم المعلمين في رسم خطة التحضير ، وتتحقق عن طريقة الخطة أهداف سلوكية تحدّث عنها بلوم وزملاءه في كتاب "نظام تصنيف الأهداف التربوية " ، فهي تعزز تبادل المواد والأفكار التي تتعلق بالاختبارات، فضلاً عن تحضير الأبحاث المرتبطة بالامتحانات.

وقام بلوم بتصنيف كتاب في المجال المعرفي وكذلك في المجال الوجداني ، وكتب سمبسون كتاباً في المجال النفسحركي أو الأدائي ، وقد واجهت أفكارهم في هذه التصانيف بعض الانتقادات ، إلا أن الكثير من المعلمين ما زالوا يمارسون طرقهم هذه، لأن الهدف السلوكي هو ما ينتظر من المتعلم أن يقوم به نتيجة للأنشطة التي يمارسها في الدرس ، أو أنها العبارات التي يمكن للتلاميذ القيام بها وقت الحصة ، وأنها تمثل أهدافاً جزئية يعمل المعلم على تحقيقها في طلابه خلال زمن الحصة المقررة التي يرغب في أن يجيدها أو يتقنها طلابه في نهاية الحصة .

إعداد الخطة :

ويسبق خطة الدرس الإعداد الذهني للمعلم ، وذلك بقراءة مادة الدرس القادم والتعرف إلى معانيه وأفكاره ومراجعه، ويحدد أهدافه السلوكية، ويفكر بنوع التمهيد الجيد الذي سيهيأ للطالب، والوسائل التي سوف يستخدمها، وإلى أنواع التقويم الذي سيمارسه أثناء الدرس ، ثم يقوم بإعداد الخطة كتابياً .

١. أن يكتب عنوان الدرس .

٢. أن يكتب أهدافه في المجالات المعرفية والوجدانية والنفسحركية ، ويفضل أن تتحدد الأهداف بثلاث نقاط في كل مجال من المجالات المذكورة .

٣.   أن يسجل الوسائل التي سوف يستخدمها لتهيئتها لغرض الدرس .

٤.   أن يسجل خلاصة لخطوات الدرس المتمثلة في :-

أ-   التمهيد " المقدمة " لتهيئة أذهان الطلاب وأحاسيسهم .

ب- (العرض) ويتضمن :-

١.   التمهيد.

٢.   العرض .

٣.   الربط .

٤.   التقويم أو التطبيق .

٥.   الواجب المنزلي .

وقد يكون بما يأتي :-

١.   التمهيد .

٢.   العرض .

٣.   الربط .

٤.   الاستنتاج (الاستنباط) .

٥.   التطبيق .. لضمان التعرف إلى مقدار استفادة الطلبة مما يقدم إليهم .

٦.   الخاتمة .

والطريقة الأخيرة أكثر شيوعاً وسهلة التنفيذ ، وفيها تبرز شخصية التلاميـذ ، إذ يستطيعون مناقشـة النقاط أو المعلومات المتضمنة ، فهي إذن مناسبة لقدراتهم العقلية وذكائهم . ويكون تقديم المـادة مرتبـاً منظماً رابطاً لمعلوماته بمعلومات الطلبة الجديدة والقديمة . ويمكن للمعلم أن يمارس أية طريقـة مناسبة لتدريس المادة التي سيجد تفصيلاتها في وحدة " أساليب التدريس ".

الشروط التي تحقق الهدف السلوكي أثناء التخطيط

ومن الشروط لذلك ما يأتي :-

١. أنها تصنف سلوك الطالب المتعلم ، فنقول فسّر الطالب ، ذكر الطالب.

٢. أنها ممارسات يمكن ملاحظتها فنقول "يتقن ، يفهم ، يستوعب ، يحفظ ".

٣. أنها سلوكات يمكن قياسها .

٤. شمول السلوكات للنمو الذي يحصل مع الطالب .

٥. أن أهدافها يجب أن تصاغ بما يقدر على تحقيقه الطالب .

٦. أن تكون الأهداف مصاغة بشكل بسيط غير مركب .

٧. أن يصاغ الهدف بشكل واقعي يلائم المكان والزمان ويلائم قدرات الطالب وخصائصه الفردية .

٨. أن يصاغ الهدف شاملاً لما يأتي :-

أ- سلوك يجب برهنته ، يفسر ، يقرأ ، يتعرف .

ب- سلوك فيه معيار لقبول الأداء .

التقويم الختامي

١. ما أهمية التخطيط ؟

٢. ما أهمية التخطيط اليومي للمعلم ؟

٣. متى يتحقق الهدف السلوكي ؟

٤. كيف تحضر الدرس اليومي ؟

أكتب خطة بذلك تتضمن :-

١. التمهيد .

٢. العرض .

٣. الربط .

٤. التقويم أو التطبيق .

٥. الواجب المنزلي .

الوحدة الخامسة

مناهج اللغة العربية

تمهيد

لقد روعيت جملة نقاط في وضع مناهج اللغة العربية ، لا بد من الرجوع إليها والتعرف إليها مـن خلال الخطوط العريضة لمنهاج اللغة العربية للمرحلتين الأساسية والثانوية .

أما الأساسية منها فقد راعى منهج اللغة العربية فيها (والـذي تشـترك في تصوره الأقطار العربيـة المختلفة / جملة من المبادئ نذكر منها :-

١. أن اللغة العربية هي لغة العمل في المجتمع العربي واللغة الرسمية في أي قطر عربي .

٢. اللغة العربية لغة قومية .

٣. القرآن الكريم والحديث الشريف سبيلان رئيسان لتقويم اللسان العربي.

٤. تنمية اعتزاز الطالب بالهوية الوطنية والقومية والإسلامية.

٥. تنمية اعتزاز الطالب باللغة العربية وشعوره بأهميتها في بنـاء المجتمـع وتماسكه، وبقدرتها عـلى التعبير عن كل مجالات الحياة .

٦. إعداد الطالب للتكيف في واقع المجتمع الذي ينتمي إليه.

٧. الاستعانة بالوسائل التعليمية / التعلّمية ووجوه النشاط المختلفة التـي تتفـق مـع تـدرج مراحـل نموه.

٨. تعريف الطالب بأهميته عضواً فاعلاً متفاعلاً في بناء المجتمع من خلال تعريفه بواجباته وحقوقه وبضرورة تعاونه مع الآخرين .

٩. تقديم صور متنوعة لضروب العمل الجماعي التي يمكن أن يشارك فيها الطالـب، وتقـديم صـورة حية للمواطن الصالح الذي يخدم أمته .

١٠. تحصيل الطالب في جميع المباحث الدراسية مرهون بمهاراته في اللغة العربية .

١١. الجمع بين التراث الأصيل ووجود النشاط اللغوي المعاصر ليظل الطالب مرتبطاً بأصول لغته في التفاعل مع الثقافة المعاصرة .

١٢. الاهتمام بمعرفة اللغة وتعلمها إلى جانب الاهتمام بالمعاني والأفكار.

١٣. تعليم اللغة العربية يكون في مرحلة التعليم الأساسي من خلال نصوص تتوافر فيها سلامة اللغة ووضوح الفكرة .

١٤. تستمد التدريبات اللغوية وقواعد اللغة العربية من النصوص الفصيحة من القرآن الكريم والحديث الشريف والأدب العربي شعره ونثره قديمه وحديثه ومن المصادر الأساسية الأخرى في الأدب واللغة .

١٥. تختار أو تؤلف قطع للقراءة والمطالعة ويراعى فيها :-

أ- استخدام الألفاظ التي تشتمل عليها البيئة في البيت والمدرسة والقرية والمدينة.

ب- استخدام الألفاظ المستخدمة في المهن المختلفة .

ج- استخدام الألفاظ المستعملة في العلاقات الإنسانية على أن تراعي فيها الألفاظ الفصيحة والمعربة وما أقرته مجامع اللغة العربية .

١٦. التركيب اللغوي السليم هو الأساس الذي يبنى عليه منهاج اللغة العربية (لأي مستوى) يراعى في ذلك .

أ- توخي قصر الجمل والتدرج في طولها .

ب- قرب أجزاء الجملة الأساسية بعضها من بعض مثل قرب الخبر من المبتدأ والمفعول به من الفاعل .

١٧. تيسير تعليم قواعد الإملاء وإتباع هذه القواعد

١٨. تيسير تعليم القواعد النحوية والصرفية على أن يراعي :-

أ- التركيز على الموضوعات النحوية الأساسية التي تشكل حاجة وظيفية في حياة الطالب .

ب- الترابط والتكامل والتدرج في موضوعات النحو.

ج- عرض موضوعات القواعد بطرائق تمكن المعلم من استخدام الأسلوب المناسب لتعليمها بعيداً عن التقصير والجفاف .

أما الثانوية فيضاف إليها جملة نقاط منها :-

١. الاستمرار بتنمية اعتزاز الطالب باللغة العربية ودورها في بناء الشخصية القومية للأمة .

٢. اللغة العربية وسيلة تعميق انتماء الطالب لمجتمعه العربي والإسلامي .

٣. اللغة العربية عامل مهم في توثيق العلاقة العضوية بين الإسلام والعربية .

٤. اللغة العربية لغة عالمية حيّة قادرة على التفاعل الحضاري بين الأمم والتفاهم بين الشعوب .

٥. اللغة العربية وسيلة لتعميق الإيمان بالله عز وجل .

٦. اللغة العربية وسيلة لتلبية الطالب النفسية في التواصل والتعبير عن ذاته وإبراز مواهبه وقدراته
.

٧. اللغة العربية تصقل الذوق وتنمي إحساس الطالب بالجمال والتعبير عنه تعبيراً فنياً مؤثراً .

٨. اللغة العربية قادرة على أن تؤلف بين الأصالة والمعاصرة من خلال نقلها التراث القومي والإنساني وقدرتها على إيجاد المصطلحات والمُسمّيات العلمية الدقيقة .

٩. اللغة العربية تمكن الطالب من التكيف مع مجتمعه وحاجاته المتغيرة النامية في المجالات الحياتية المختلفة .

١٠. اللغة العربية مفتاح المعرفة ووسيلة للتحصيل العلمي في المباحث الدراسية الأخرى .

١١. اللغة العربية قادرة على تمكين الطالب من الإبداع والتفكير العلمي المنظم .

١٢. اللغة العربية قادرة على نقل الثقافة العربية والإسلامية والإنسانية إلى الأجيال القادمة .

أما الأهداف العامة لمناهج اللغة العربية في المنهجين الأساسي والثانوي فإنها تشمل :-

١. أن يقرأ الطالب قراءة صحيحة معبرة تعتمد على القواعد الأساسية .

٢. أن يكتب كتابة صحيحة واضحة بسرعة مناسبة .

٣. أن يراعي في كتابة قواعد الخط الصحيحة وقواعد الترقيم .

٤. أن يستوعب مضمون ما يقرأه أو يسمعه بسرعة مناسبة ويستطيع التفاعل مع ما يقرأ أو يسمع أو يناقش .

٥. أن يستطيع الطالب التعبير عن حاجاته ومشاعره وكذلك عن خبراته (شفوية وتحريرياً).

٦. إكساب الطالب ثروة لغوية تمكنه من التعبير السليم عن مختلف المواقف التي يمر بها.

٧. أن يستطيع تطبيق القواعد النحوية والصرفية والإملائية .

٨. أن يألف استخدام معاجم اللغة والموسوعات وغيرها.

٩. تعزيز المواهب والميول الأدبية والفنية والتذوق الجمالي والقدرات اللغوية المتميزة .

١٠. تنمية اعتزازه بالأمة العربية الإسلامية وبالانتماء إلى القطر الـذي ينتمـي إليـه شعباً ومبـادئ وحكماً وتاريخاً .

١١. تعويد الطالب العطاء من ذاته وفكره لشعبه وأمته والناس كافة تعبيراً باللغـة عـن ذاتـه في محاولات يبتكرها في الشعر أو النثر وتعبر بها عن حاجاته ومشاعره وأفكاره وخبراته تعبيراً شفوياً سليماً وكتابياً فصيحاً.

١٢. أن يتأهل في الطالب حب لغته الأم ويشعر باعتزاز وفخر لاستخدام العربيـة الشـريفة لغـة القرآن الكريم والحديث الشريف والأدب العربي الرفيع.

١٣. أن يثق بقدرة لغته العربية على التعبير عن الفكر والمعرفة بأشكالها المختلفة وبقدرتها علـى الوفـاء بمطالـب الثقافة والحضارة ومختلـف أنـواع العلـوم والتعبيـر عـن حاجـات الأفراد والجماعات في الحاضر والمستقبل، كما كانت في مختلف مراحل الحياة الماضية .

١٤. أن يتعرف الطالب نماذج من عيون الفكر والأدب ومناهله الخالدة كالقرآن الكريم والحـديث الشريف والشعر والنثر العربيين في عصورهما المختلفة .

١٥. أن تزداد قدرة الطالب على القراءة الجهرية المعبرة ، وعلى القراءة الصامتة السريعة الفاهمـة واستيعابه لما يقرأ وعلى الاستماع والفهم والمتابعة.

١٦. إكساب الطالب ثروة لغوية تمكنه من استخدام مصادر اللغة العربية استخداما واعياً .

١٧. أن تزداد قدرة الطالب على البحث والاستقصاء والانتفـاع مـن المكتبـة عـن طريـق استخدام المراجع والموسوعات والتعرف على الكتب ذات العلاقة.

١٨. تنمية متعة القراءة عند الطالب والاهتمام بالكتب المختلفة .

١٩. تنمية الميول الأدبية والقدرات اللغوية عند الطالب .

٢٠. تعريـف الطالـب بالمبـدعين في اللغة والأدب العـربي شـعراً ونـثراً وتقـدير المبـدعين مـنهم ومنجزاتهم والحذو حذوهم .

مفهوم المنهج

المناهج هي الوسيلة التي تستعملها المدرسة لتتمكن من الوصول إلى تحقيق الأهداف التي يؤمن بها المجتمع، والتي اشتقت من الفلسفة التربوية لذلك المجتمع، وذلك لتحقيق أهدافه في تعليم أبنائه الاتجاهات والممارسات والمبادئ والقيم التي يؤمن بها المجتمع ، وهي من أهم الموضوعات التربوية، وهي جوهر التربية وأساسها ، وهي الوسيلة التي تستعمل لتحقيق الأهداف التربوية والقومية وهي الطريق إلى مستقبل أسعد وعالم أفضل، وهي مهمة جداً بالنسبة للمعلم والمتعلم على حد سواء . فهي من جهة تساعد المعلمين على تنظيم التعلم وتوفير الشروط المناسبة لنجاحها ، وهي من جهة أخرى تساعد المتعلمين على التعلم المتمثل في بلوغ الأهداف التربوية المراد تحقيقها .

ولكي يقوم المنهج بدوره في إعداد الطلبة الناشئة للحياة على أسس معرفية يجب، أن يتماشى أو يتلاءم، وما يحدث فيها من خبرات وظروف ومطالب وآمال متغيرة، وأن يساعدهم على التكيف لها . وهو في مجتمعنا يجب أن يكون مرناً قابلاً للتطوير على أساس الخطط التربوية ، ويخطط المنهج للعناية بالطالب وخصائصه النفسية للوصول به بما يملكه من إمكانات واستعدادات إلى أقصى نمو ممكن، وحتى تصبح العملية التدريسية عملية نمو تؤدي إلى نضج الطالب لا بد من أن يقوم المنهج على <u>أسس نفسية</u> تهدف إلى إعداد التلميذ للحياة . وهذا يعني أنه لن يعيش في فراغ، بل سيمارس نشاطه الحيوي في مجتمع معين وفي زمان معين . وهذا المجتمع بما له من خصائص ومؤثرات تؤثر في النشاط البشري فلا بد إذن أن يعكس المنهج الحياة الاجتماعية، وأن يقوم المنهج على <u>أسس اجتماعية</u> . وهذا يعني أن المناهج يجب أن تحقق الطموح المنشود، وأن تحتل مركزاً مهماً في العملية التربوية . وكان لا بد لأي نظام تربوي أن يتبنى منهجاً معيناً يعكس الفلسفة التي يؤمن بها هذا المجتمع من أجل تغذية الناشئة وتربيتهم على أسس سليمة . وقد بدأ

الاهتمام بالمناهج الدراسية منذ مطلع الثلاثينيات من القرن الماضي ، وحرص التربويون في هذا السبيل على تطوير أطر فكرية تحكم عملية بناء المنهاج على النظريات الفلسفية في التربيـة، ليقـوم المـنهج بـذلك عـلى أسس فلسفية ، كما سيأتي تفصيل ذلك .

معنى المنهاج التقليدي

وتعني كلمة المنهاج :-

١. كل المفردات التي تقدمها المدرسة لتلاميذها .
٢. تنظيم معين لمفردات مثل مناهج الاعداد للجامعة ومناهج الاعداد للحياة أو العمل.
٣. كل المفردات التي تقدم في مجال دراسي واحد مثل منهاج اللغة العربية، منهاج التربية الإسلامية ، منهاج الرياضيات .
٤. ما يختاره التلميذ من المفردات مثل مناهج الاعداد للجامعة ومناهج الاعداد للحياة أو العمل .
٥. المادة الدراسية التي تتناول أكبر قدر من المعرفة والمعلومات والحقائق .
٦. عملية نقل المعلم للمعلومات التي يحتويهـا المنهـاج إلى الطـلاب، لغـرض إعـدادهم للامتحانـات، وليحكم المعلم بالنتيجة على مدى نجاحه في التعليم.
٧. ما تقرره المدرسة وتراه ضرورياً بغـض النظـر عـن حاجاتـه وقدراتـه وميولـه بعيـداً عـن الوسـط الاجتماعي والحيـاة التـي تنتظـره ، وعـلى الطالـب أن يحفـظ المقـررات بشـتى الوسـائل المتاحـة للمتعلم . (١)
٨. برنامج دارسي يتكون من المواد الدراسية التي يطلب من الدارسين تعلمها.
٩. مجموعة موضوعات.
١٠. محتوى منظم جمع بأسلوب تربوي ونفسي يسهل على الطالب تعلمه .

---

(١) المناهج التربوية الحديثة ، ص / ٢٦-٢٧

١١. سلسلة منظمة من نتائج التعلم المقصود.

١٢. مجموعة أهداف يجب أن تؤدى .

١٣. مجموعة مواد .

١٤. معارف وعلوم متراكمة عبر الزمن تبناها المجتمع لتربية أبنائه [١].

ويتضح من هذه التعاريف أن المنهج يمكن أن يفهم بطريقة تتسم بضيق النظرة، مثل "مجموعة موضوعات " أو بطريقة تتسم بشمول النظرة مثل " ما يعلم داخل المدرسة وخارجها، بتوجيه المدرسة "، وينعكس هذا بالضرورة على تصورات القائمين بعملية وضع المناهج أو تدريسها أو تقويمها .

إن النظرة ذات الأفق الضيق التي تسود مدرسة ما ، التي تنظر إلى المنهج بوصفه مجموعة موضوعات تجعل العمل المدرسي بسيطاً وتلقينياً ، في حين يصبح العمل المدرسي على وفق الشمولية الواسعة اكثر سعة وتعقيداً ومرونة وفاعلية . [٢]

أما المفهوم الحديث فيعني المنهج مجموع الخبرات التربوية والثقافية والرياضية والاجتماعية والفنية التي تهيئها المدرسة للتلاميذ داخل المدرسة وخارجها، بقصد مساعدتهم على النمو الشامل في جميع النواحي الجسمية والعقلية والاجتماعية والانفعالية، وتعديل سلوكهم طبقاً لأهدافها التربوية [٣] . وأنه مجموعة الخبرات والنشاطات التي تقدمها المدرسة تحت إشرافها إلى تلاميذها بغية احتكاكهم وتفاعلهم معها، لغرض إحداث تطوير وتعديل في سلوكهم يؤدي إلى نموهم الشامل المتكامل، ولغرض تخطيط المناهج ومساعدة الطلبة على بلوغ الثقافات التعليمية إلى أقصى درجة ممكنة . [٤]

(١) الفلسفة التربوية والأهداف والاستراتيجية ، د. ماهر إسماعيل الجعفري ، ص / ١٣

(٢) المصدر السابق نفسه

(٣) تخطيط المنهج وتطويره ، هشام الحسن ، ص / ١٠-١١

(٤) أساسيات المنهج وتنظيماته ، ص / ١١

خصائص المنهاج

يتصف المنهاج بالخصائص الآتية :

١. يتضمن الخبرة التعليمية ، فالخبرة التعليمية هي أساس بناء المناهج، وتأتي الخبرة من خلال تفاعلها مع شيء أو مع موقف ما . وهي تعبر عن المعنى الذي يحصل للمتعلم نتيجة تفاعله في الموقف التعليمي ، وحتى تحصل الخبرة التعليمية فلا بد أن يكون الموقف مثيراً للمتعلم وملائماً لحاجاته وقدراته ، ولا بد للمتعلم أن يتفاعل معه بحرية من دون تدخل يفسد عليه استمتاعه بالموقف التعليمي.

٢. توجيهه نحو تنمية وارتقاء المتعلم إلى مستويات أعلى من خلال الخبرات التي يشتمل عليها، ليساعده في تطوير نمائه وقدراته ومهاراته وخبراته في استكشاف الأشياء في بيئته ومعالجتها والتجريب عليها (في المهارات والخبرات العملية) .

٣. استكشاف التنوع في السلوك الاجتماعي، وتأمل القواعد التي تؤدي التفاعل الاجتماعي وتؤسس علاقات اجتماعية ، كالصداقة مع الآخرين (إنما المؤمنون أخوة) .

٤. الإحساس بتميزه وتقبل ذاته من خلال المهارات والقدرات الشخصية .

٥. تنمية القدرة لدى المتعلم على الأساليب الاستكشافية والتفاعل مع الآخرين ومع نفسه .

٦. احترامه لحرية المتعلم واستقلاليته في استكشاف ذاته وبيئته.

٧. اهتمامه بتعويد المتعلم تحمل المسؤولية والاختيار وصنع القرار (كل حسب مرحلته).

٨. مراعاته للفوارق الفردية لدى المتعلمين وتجاوبه معهم مما يتيح لهم فرص التقدم في النماء والتعلم

٩. يجب أن تكون خبرات المنهج غنية ومتنوعة في نوعها ومستواها .

١٠. اتسامه بالمرونة الكافية للسعي لتحقيق الأهداف المنشودة .

عناصر المنهاج

يتكون المنهاج من عناصر أربعة وهي :-

أولاً : الأهداف Objective : والأهداف هي الشيء الذي يسعى التعليم إلى تحقيقه.

ثانياً : المحتوى Content : المضمون الذي يُبنى على الأهداف ويشتمل على المعلومات والمناهج والمبادئ

والقيم والمثل (التي يتعلمها الطلبة).

ثالثاً : الطريقة Method

رابعاً : التقويم Evaluation لمعرفة تحقيق الأهداف أو ملاءمة الطرق والأساليب التي تنفذ التعليم .

وقبل الدخول إلى دراسة عناصر المنهج ، لا بد من التعريج على ما يجب أن يتوافر في تطبيق المنهج

.

أولاً : يحتاج المنهج إلى المعلم الجيد الكفء القادر على التدريس والتخطيط والتقويم .

ثانياً : إعداد منهج متكامل لتعليم فروع اللغة وفنونها المختلفة.

ثالثاً : توفير المراجع بكل أشكالها .

رابعاً : اعتماد الوسائل التعليمية المعروفة والمعاصرة .

خامساً : توفير الأجواء الصالحة للدراسة (كمباني المدرسة وشكل الحجرة الدراسية وغير ذلك) .

سادساً : الإدارة الجيدة للمدرسة والتعاون العائلي مع إدارات المدارس .

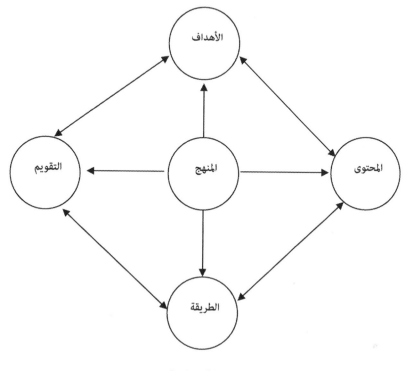

عناصر " العملية التعليمية

الأسس التي يقوم عليها المنهج

تقوم المناهج على أربعة أسس هي :-

أولاً : الأسس الفلسفية : حيث يشتمل المنهج على أساس فكري يتناول الإنسان والعالم الذي يعيشه ، باعتبار أن الإنسان هو الغاية في التعلم من خلال المنهج ، وأن العالم الذي يعيشه سوف يتعامل معه ويغير فيه أو يتغير له .

ولا بد لكل منهج أن يعتمد في صناعته أولاً وآخراً على دراسة نظرية المعرفة بكل جوانبها وأبعادها متناولة الأسس الفلسفية بجميع أبعادها ، ومنها طبيعة المعرفة

وطرق الحصول عليها وتصنيفها وتقويمها وطرق تقديمها . إن كل منهج يستند إلى فلسفة تربوية معينة تستمد أصولها من فلسفة اجتماعية معينة. وتتركز الأسس الفلسفية على ما يأتي :-

١.   اهتمام المنهج باحترام شخصية المتعلم وأهمية دوره في المجتمع.

٢.   الاهتمام بذكاء المتعلم وفكره.

٣.   الاهتمام بقدرة المتعلم على التفكير الناقد.

٤.   الاهتمام بإتاحة فرص متكافئة أمام المتعلم.

٥.   الاهتمام بحرية التعبير بالطريقة التي يراها المتعلم مناسبة وبشرط احترام وجهة نظر الآخرين.

٦.   الاهتمام بحرية اختيار العمل المناسب من خلال انتقاء الخبرات المدرسية التي تساعده على تحقيق ذلك.

ثانياً : الأسس النفسية

لا يقتصر هذا الجانب على معالجة جانب نمو الطفل كما يرى الكثير من المؤلفين ، ولكنه الجانب النفسي للمنهج ولكل المتعلمين، لأن النمو في الجوانب النفسية والجسمية والعقلية يستمر في الإنسان . ولا بد أن تكون أهداف المناهج متضمنة الخبرات التي تمس الإنسان في كل مراحل الطفولة والمراهقة والشباب والرجولة.

إن واضعي المنهج المدرسي يجب أن يلموا بالطريقة التي يتم فيها تعليم كل متعلم في أية مرحلة، وكذلك معرفة الأساليب التي يسير فيها عقله عند التعليم والتعلم، زيادة على معرفة العوامل التي من شأنها أن تساعده على التعلم والعوامل التي تعوقه، ومعرفة البيئة التي تحمل تلك العوامل ليتعاملوا بمعرفة كاملة .

وقد تناول علم النفس والاجتماع وعلم الحياة ، نمو الطفل ونمو الشباب وساعد ذلك واضعي المناهج في طرق التعامل معها .

يتم التعامل مع الطفل بالتركيز على دراسة القصص والأحداث، وسير حياة الأشخاص والسير الذاتية والاستبيانات، واستخدام المقاييس الخاصة بالذكاء، والاتجاهات والقدرات، ودراسة الحالات (العيادة)، وتشخيص الخصائص التي يشترك فيها الأطفال في مراحل النمو كتنمية استعمال اليدين ، وتنمية المهارات الحركية، مع نمو العضلات وحب الاستطلاع والرغبة الشديدة في التعلم والحماسة والنشاط (لدرجة الإزعاج)، وتفضيل النشاط المرئي المحسوس على غيره، وما يعتمد على حركة الجسم، ومحاولة جعل الآخرين مسرورين من نشاطاتهم .

وطالب النفسيون من واضعي المناهج ملاحظة أن هذه الفترات تحتاج إلى مناهج في النشاط قصير الأمد المحدود وتشجيع المتعلمين من الفترات الأولى من أعمارهم على النمو المبكر، وتعليمهم المسؤوليات المحدودة، وإشراكهم مع الجماعات في بعض النشاطات .

وعندما يبدأ الطفل بتنسيق عينه مع يده في مدة مبكرة في طفولته فيتغير النشاط لديه ويتحسن، ويحتاج إلى مراقبة ونصح يتفق مع ذلك، ويبدأ نمو جسمه بالتباطؤ لحين فترة البلوغ، فيحاول أن يستقل بأعماله ويحدد أعماله التعاونية، وعلى واضع المنهج أن يكون ملماً ودقيقاً بهذه المرحلة . وهنا يبدأ التمايز بين ما يحبه المتعلم وما لا يحبه، وينتبه إلى الموافقة الاجتماعية من قبل الجماعة، وتتسع عنده آفاق اهتماماته ومحاولة إكمال المشروعات التي لم يكن حريصاً على إكمالها في مرحلة سابقة. ويجب الانتباه إلى قدراتهم في معالجة أمورهم باستقلالية وتنمية ذلك لديهم عن طريق توفير الفرص المتكررة لهم . ويجب وضع جدول للدروس غير سريع في تغيراته، لأنه يميل إلى الاستمرارية في نشاطه، ولا يميل إلى التغيرات السريعة المستمرة في هذه المدة ، كما تزداد ايضا أهمية المكافأة على نشاطاته بالمدح والثناء وإشراكه في العمل الجماعي ما أمكن .

وتأتي مدة البلوغ التي يسبق البنات فيها البنون، ويبدأ صراعهم مع الكبار للتخلص من سيطرتهم ، لكنهم يصبحون نشطين مع الجماعات في العمل ، ويبدأ

عندهم الاهتمام بالجنس الآخر ، ويزداد عندهم الميل إلى الأنشطة خارج المنزل. لذلك يجب أن يتنوع المنهج تنوعاً ملموساً تزداد أنشطتهم الجماعية لتستوعب اهتماماتهم الواسعة ، وتكون مقررات المنهج وخبراته على المرحلة التي تعين على فهم التغيرات الجسمية والعاطفية التي تحدث للمتعلمين، وأن تعهد إليهم مسؤوليات حرة لإشعارهم بالاستقلالية والقدرة عليها . ويشترك معظم أفراد هذه المرحلة بخصائص إكمال النضج وتفوق البنات على البنين لمرحلة معينة (في الاجتهاد والنشاط)، لكن التفوق يتلاشى بمرور الأيام . ويبدأ المتعلمون في هذه المرحلة باكتساب مظهر الكبار للتطورات الجسمية التي تحصل معهم، وتبدأ مستويات الطاقة تختلف بين كل منهم ، ثم يبدأ المتعلم منهم باكتشاف هويته وأهدافه وإصراره على الاستقلالية فيها ، فيكونون ثائرين لأقل أمر، بل ربما يصبحون متطرفين ومحاولتهم أن يكونوا مشهورين ، إلا أن مشكلتهم الرئيسة أنهم يصعب عليهم الوصول بعض الأحيان إلى احكام سليمة في مشكلاتهم. لذلك يكونون بحاجة إلى رعاية المنهج والمعلم والمرشد ، على أن يتم ذلك بحذر ، لأنهم يسعون إلى معرفة الذات وفهم العلاقات والاتجاهات الجنسية ، فيجب أن توفر لهم الفرصة بأن يتخذوا القرارات المناسبة المسؤولة، واكتساب قبول الزملاء لهم وتقوية علاقاتهم بالكبار، وخصوصاً في الأسرة، فيجب التوجه إلى الاهتمام بتوفير الفرص لتنمية اهتماماتهم ومهاراتهم الخاصة، وفرص فهم الآخرين من زملائهم، والتعرف إلى مشاعرهم وسلوكياتهم .

وقد عني علماء النفس الغربيون بذلك كثيراً فجعل (جان بياجيه) لنمو العقل عند الإنسان منذ ولادته أربعة مراحل وهي :-

١. مرحلة الحس الحركي التي يحاول الطفل فيها اكتساب مهارات استخدام الحواس والحركات الجسمية ومعرفة البيئة المحيطة به لكسب المعرفة (أي مرحلة الطفولة المبكرة) .

٢. مرحلة تسبق العمليات العقلية التي تبدأ فيها بتكوين المفاهيم العقلية التي يستخلصها من المشاهدات الكثيرة والخبرات المتعددة واستعماله اللغة، فيرتبط تفكيره ولغته بالخبرات الحسية المحدودة (من سن ٣-٧) .

٣. مرحلة التفكير العملي .. وهي المرحلة الأساسية الأولى للتعليم من سن (٧-١١) وفيها يميل الطفل إلى التجريب في كل الأمور للوصول إلى المعرفة، لذلك يجب التركيز على إعطائه هذه الفرصة لتنمية تفكيره .

٤. مرحلة التفكير النظري وفيها يعتمد على التفكير التأملي ويبحث عن الفروض التي تفسر له مشاهداته وملاحظاته .

ويقصر (جون ديوي) هذه الفترة من النمو على ثلاث مراحل ويسمى الأولى بمرحلة حب الاستطلاع والتي يتم فيها فحص الأمور بيد الطفل بهدف معرفة ما حوله ، ثم مرحلة الاتصال الاجتماعي التي يتعلم فيها الطفل كيف يتعامل مع الآخرين عن طريق اللعب وغيره، ثم مرحلة التفكير التأملي لمعرفة ما وراء المشاهدات والملاحظات من معنىً عن طريق التفكير والتأمل .

أما كيف تتكون الأخلاق عند الطفل قد عالجها (كولبيرج) بأربع مراحل دعا الأولى بمرحلة ما قبل التقاليد والأعراف ، التي لا يفعل الطفل فيها أمراً أو يتجنبه إلا إذا كانت له نتائج مادية يلمسها ، ومرحلة التقاليد والأعراف ، وهي المدة التي يحاول الطفل فيها إرضاء الآخرين، ويميل إلى العمل الطيب ، ثم مرحلة ما بعد الأعراف والتقاليد وفيه يتوصل إليها بنفسه ، ثم تبدأ مرحلة تكيف الضمير الخلقي التي قد لا يبلغها الجميع ، وهي مبادئ تكون جزءاً من تكوين الإنسان الداخلي ، وقد لخص الدكتور الشافعي ما جاء به كولبيرج بمرحلتين :-

١. مرحلة المعايير الخارجية : التي يخضع فيها الفرد تصرفاته إلى الثواب والعقاب الماديين أول الأمر ، ثم الثواب والعقاب المعنويين، كرضا غيره عنه أو حسن قبوله في الجماعة التي يعيش فيها

٢. مرحلة المعايير الداخلية : التي يُخضع فيها تصرفاته لدافع الضمير الخلقي، وهنا قد يحجم عن فعل شيء لا عقاب عليه ومتعارف عليه بين الناس ، ولكن لأن ضميره لا يرضى عنه

أما المسلمون فقد عنوا بالتفكير الخلقي وجعلوه على مرحلتين :-

١. خضوع المرء في تصرفاته للآثار المادية تنجم عنه

٢. رضا الله ورسوله وطمع المرء في الثواب بالآخرة . (١)

ودعا (هافيجهرست) حاجات النمو بالمهام الحيوية الاجتماعية النفسية، ففي مراحل الطفولة المبكرة يحتاج الطفل إلى تكوين المفاهيم، وتعلم اللغة، والاستعداد للقراءة، والتمييز بين الصواب والخطأ وبداية تكوين الضمير ، تعقبها مرحلة الطفولة المتوسطة، وفيها يتعلم المرء المهارات الجسمية اللازمة الملائم لنوع الجنس وتعلم المهارات الأساسية للقراءة والكتابة والحساب، وتنمية المفاهيم الأساسية للحياة اليومية، والاعتماد على النفس والاستقلال الشخصي، وتنمية اتجاهات ديمقراطية نحو الجماعات والمؤسسات الاجتماعية ، ثم يأتي مرحلة المراهقة فينمي الفرد علاقاته مع رفاق سنه ينضج ثم يبدأ بلعب دوره المناسب بالنسبة لجنسه ومحاولة الاستقلال العاطفي عن الآباء والكبار، واستخدام جسمه استخداماً مفيداً، ويبدأ بالإعداد لحياة الأسرة . وبتكوين المهنة أو الحرفة، ويكسب سلوكه بمجموعة من القيم والنظم الخلقية والسلوك الاجتماعي المسؤول .

الناحية الجسمية : تسعى التربية إلى أن يكون المتعلم سليم البدن قوي الجسم معافى من الأمراض ليتحمل المسؤولية والمهام المناطة به .

الناحية العقلية : استهدفت التربية من تربية عقل الإنسان المتعلم أن يكون تفكيره سليماً ينأى عن الهوى ، ويبعد عن العواطف وأن تكون له استقلاليته الفكرية ، ولا

(١) الفلسفة الخلقية في الفكر الإسلامي ، أحمد صبحي ، دار المعارف ، ص / ٢٣٦ ، أنظر المنهج المدرسي من منظور إسلامي ، ص / ١٣٨-١٣٩

يكون تبعاً لغيره ولا إمعة (وفي الإسلام أن يقتدي بالنبي صلى الله عليه وسلم) وأن يستوثق من الأمور قبل الحكم عليها، وأن يستخدم حواسه فيها يرضى الله تعالى .

الناحية الخلقية : تسعى التربية أن يتحلى المتعلم بالخلق الرفيع، وأن تكون تصرفاته وسلوكاته في الأسرة والمجتمع وبين الأفراد والأمم مقبولة ، فيكون الالتزام بكل ذلك تربية نظرية يتميز بها إنسان عن غيره دون شك .

الناحية الاجتماعية : يكون المتعلم فيها عضواً نافعاً في المجتمع، حريصاً على وحدة وشكل الأسرة، محترماً الحقوق والواجبات الموكولة إليه، ضارباً المثل في وحدة المجتمع والدفاع عنه. وبالرغم من تغير الظروف وتبدل الأزمان فإن المجتمع ما زال فيه الكثير من القيم التي يجب تنميتها، وعدم التأثر بالمظاهر الغربية والأجنبية المحطة لقيمه والتي يجب التعامل معها بحذر .

ثالثاً: الأسس الاجتماعية :

تربط أفراد المجتمع روابط مشتركة ، وكلما كثرت الروابط تماسك المجتمع ، ومن الروابط التي يمكن الحديث عنها في المجتمع العربي ، هي روابط الإسلام، فقد جعل هذا الدين أهدافاً مشتركة لأفراد المجتمع وهي :-

١. إعلاء كلمة الله في الأرض .

٢. اعمار الأرض

٣. نشر العدل وإحقاق الحق

٤. توفير الحياة الكريمة التي تليق بالإنسان المسلم.

٥. التوحيد بين أفراده عن طريق شعائر واحدة يقومون بها يومياً.

٦. اقرار الاهداف الاخروية، والسعي لها، وهنا لا بد من تقوى الله والسعي لرضاه.

ولا بد للمنهج الذي يقدم للطلبة ، سواء المنهاج الإسلامي أو منهاج اللغة العربية أن يسعى لرفع الروابط الاجتماعية وشدها . وتشكل اللغة عاملاً مهماً في هذا الشد الاجتماعي، وذلك للتنافس الذي يمكن أن يخلقه المنهج فيهم لتقوية لغتهم، وحثهم على الإنتاج الشعري والأدبي والخطابي وغير ذلك، مستعيناً بكتب اللغة من جانب ، والكتب الإسلامية كالقرآن الكريم والحديث الشريف وغيرهما من جانب آخر. وبذلك تتكون الشخصية الاجتماعية المميزة للأمة العربية، وذلك للاندماج الذي يمكن أن يحققه المنهج بين أفراد المجتمع وتوحيد آرائه وأفكاره.

أما تقوية الأسس الاجتماعية فيتأتى عن طريق **الثقافة** : وهي كل ما يوفر للإنسان وللمجتمع البشري من علم ومعرفة وخبرة وعادات وتقاليد . والثقافة تجمع كل جوانب الحياة الإنسانية. والثقافة تنقل من جيل إلى جيل . وكانت اللغة الشفوية الوسيلة الأقدم للإنسان ، ثم تعلم الإنسان الكتابة ليضمن الاستمرار بثقافته والتواصل معها بأكثر من وسيلة ، والثقافة تميز المجتمع بين المجتمعات الأخرى، إذ تنقل للمجتمعات الأخرى خبرات الأجيال السابقة وما بنى المجتمع الجديد بها من جديد. والثقافة فيها عناصر مادية كالمساكن والملابس ووسائل النقل والمنشآت المادية، وإلى عناصر معنوية كالمثل والاتجاهات والأخلاق والسلوكات . وإذا تحقق التناسق والتكامل بين العنصرين المادي والمعنوي تستقر الثقافة وتنمو وتضطرب، حينما يتغلب أحد العنصرين على الآخر. وفي الغالب يتغلب العنصر المادي الذي يتطور بسرعة أكثر من العنصر المعنوي بطبيعة الحال . أما العادات الاجتماعية والقيم والاتجاهات، فتطورها أبطأ بكثير من العنصر المادي ، لذلك يقع الناس في الاضطراب، فتحدث الفجوات الثقافية والتخلف الثقافي. وهنا يكون دور المنهج كبيراً في إصلاح هذه الفجوات بأخذها بنظر الاعتبار والتعامل معها.

وتقسم الثقافة إلى عناصر عامة وعناصر خاصة وعناصر بديلة ، فالعامة هي اللغة التي يتحدث بها الجميع، والدين الذي يدين به الجميع أو الأكثرية من الناس. أما الخاصة فهي ما ينتشر بينهم من مستجدات كاللهجات والعادات والمصطلحات

المهنية ، ومفاهيم الاتجاهات وما يفصل بين الريف والحضر من فروقات في اللهجات والعادات. وعلى المنهج أن يهتم بهذه العناصر، ويقربها من بعضها ومعالجتها حتى يمنع التفكك الاجتماعي، وجعله مجتمعات متعددة متفرقة ، أي أن الثقافة تساعد في وحدة المجتمع وتماسكه، ولا بد للمنهج أن يهتم بها .

أما البديلة منها في عناصر يمثلها أفراد قليلون متأثرون بالمناهج الاجتماعية الغربية لنشرها في المجتمع العربي الإسلامي ، وهي جماعات مقلدة غير مرتبطة بثقافة وعناصر المجتمع، وهذا لا يمنع من أخذ ما ينفع المجتمع من مبادئها وإهمال ما يُسيء منها إلى مجتمعنا أيضاً .

وبذلك يكون المنهج ذو أهمية تجاه كل العناصر الثقافية فيثبت ما يصلح إثباته، ويسعى لإهمال ما لا يصلح، وأن يبعدها عن المجتمع ما استطاع إلى ذلك سبيلاً بمشاركة المؤسسات الاجتماعية الأخرى .

إن واضع المنهاج عندنا لا بد أن يحتاط للأمر ويعد العدة له دون أن تفاجأه التغيرات . ويجب ألا يغفل عن جانب القيم والمثل والميول التي ترقى بالجانب الفكري والوجداني عند الإنسان ، إذ يحتم على تلك المناهج أن تجعل في صدارة أهدافها الحفاظ على الإنسان وصيانة فكره وأن تهيئ له الفرص أن يطبق نشاطاته المختلفة داخل المدرسة وخارجها، وأن يعمل على التوازن ما بين المصالح الشخصية الفردية والمصالح العامة المشتركة لجميع أفراد المجتمع ، وأن المدرسة هي إحدى مؤسساته التي عليها أن تعينه على الاستمرار والتقدم والتكيف مع البيئة التي لا مفر للمتعلم من العبث فيها .

رابعاً : الأسس المعرفية

ويراعي طبيعة المعرفة وبنية حقولها المختلفة وأقسامها الفكرية وطرائق البحث فيها بصورة تؤدي إلى الرسوخ في العلم ، والتمكن منه من جهة وتوظيف

هذا العلم وأساليبه في خدمة الفكر . وتوفير الثقافة للمجتمع العلم والمعرفة والخبرة والعادات والتقاليد والتعامل الفردي والاجتماعي .

والثقافة تحفظ خبرات الإنسان من جيل إلى جيل ، فمن يموت يترك خبرته لمن يخلفه ليفيد بها مجتمعه وتتحقق فيه اتجاهاته . وعلى واضعي المناهج التعليمية أن يكونوا ذوي بصيرة نافذة لمعرفة ثقافة المجتمع والأفراد، وبقدر معرفتهم في الماضي وفهمهم للحاضر فلا بد أن يكونوا ذوي بصيرة نافذة تطل على المستقبل القريب والبعيد، ويعرفون ما يتوقع من اتجاهات المجتمع، ويعدون الشباب الإعداد المناسب من النواحي الفنية والخلقية والعلمية .

إن العقيدة والعرف والتقاليد السائدة في المجتمع ، تقاوم العناصر المتغيرة غير المفيدة التي تتنافى وبعض قيم المجتمع ، وكذلك المنهج الذي نعده للنشء، فمثلاً العقيدة الإسلامية أرست في مجتمعنا كثيراً من الأسس التي يسير عليها المجتمع، إلا أنها إلى جانب ذلك تأخذ بأسباب التغيرات الاجتماعية وتعالجها، لأن فيها حصانة ضد التغيرات المدمرة . ومجتمعنا فيه مناعة أصيلة ضد التغيرات الاجتماعية السلبية، بسبب كونه مجتمعاً إسلامياً، أي مجتمعاً مطمئناً مستقراً. وأن على المنهج التربوي أن يوضح ذلك، وأن يحدد المفاهيم والقيم والاتجاهات التي تساعد على استقبال التغير .

أسس منهج اللغة العربية

قبل أن نذهب لمناقشة المنهج لا بد من التركيز على أربعة أمور هي :-

١.   الاستماع .

٢.   الكلام .

٣.   القراءة .

٤.   الكتابة .

وهذا يعني أن هناك مستمعاً ومتكلماً ، وكاتباً وقارئاً. وهذا ما يجعلنا نرى أن مراعاة منطق اللغة (وهنا اللغة العربية) وخصائصها ووظائفها أمر مهم في دراسة اللغة العربية أو تدريسها ، وهي ما يجب مراعاتها في تخطيط منهج اللغة العربية ورسمه .

(والاستماع والكلام والقراءة والكتابة) هي فنون اللغة وهي مهاراتها الأساسية التي يمكن أن تترسخ عند المتعلم ، وتحدد إجادته وتقدمه في المعارف الأخرى .

والمنهج كما هو معروف هو مجموع الخبرات والأنشطة اللغوية التي تقدمها المدرسة للمتعلمين بقصد احتكاكهم بهذه الخبرات والأنشطة وتفاعلهم معها . وأن تعديل سلوك المتعلم اللغوي ، وتحقيق النمو في فنون اللغة ومهاراتها ، يعد ذلك يعتبر من نتائج الاحتكاك والتفاعل مع الخبرات والأنشطة التي يحصل المتعلم عليها في المدرسة .

إن ذلك كله يعد أساساً لبناء منهج اللغة العربية ، يضاف إليه التعرف إلى طبيعة المجتمع وعوامل تغيره ، ثم طبيعة المتعلم ومتطلبات نموه العقلي والجسمي، ومن ثم نموه الاجتماعي .

المنهج الحديث

وهو مجموع الخبرات التربوية الثقافية والرياضية والاجتماعية والفنية التي تُهيئها المدرسة للتلاميذ داخل المدرسة وخارجها ، بقصد مساعدتهم على النمو الشامل في جميع النواحي الجسمية والعقلية والاجتماعية والانفعالية، وتعديل سلوكهم طبقاً لأهدافها التربوية . (١)

(١) تخطيط المنهج وتطويره ، هشام الحسن وشفيق القائد ، ص / ١٠-١١ وقد عرفه د.محمد عزت الموجود بكتابه " أساسيات المنهج وتنظيماته " بأنه مجموعة الخبرات والنشاطات التي تقدمها المدرسة " تحت إشرافها الى تلاميذها بغية احتكاكهم وتفاعلهم معها لغرض إحداث تطوير وتعديل في سلوكهم يؤدي إلى نموهم الشامل الكامل ولغرض تخطيط المناهج ومساعدة الطلبة على بلوغ الثقافات التعليمية إلى أقصى درجة ممكنة ، القاهرة / ١٩٧٩ ، ص /١١

ويشمل المنهج الحديث جميع النشاطات التي يقوم بها التلاميذ، أو جميع الخبرات التي يمرون بها تحت إشراف المدرسة أو بتوجيه منها سواء كان ذلك داخل أبنية المدرسة أم خارجها. وعلى ذلك فالطريقة التي يتخذها الفرد أو المنهج الذي يسلكه لتحقيق هدف معين يعني المنهج .

إن التعلم بطبيعة الحال أداة من أدوات تغيير السلوك وتزايد المعرفة وتنوع الثقافات وظهور الكثير من التغيرات على الساحات الثقافية والاجتماعية والصناعية والتقنية وغيرها ، وأصبح لدى المتعلم كماً هائلاً ومتزايداً من المواد الثقافية المطلوب تعلمها . لذلك أصبح من الصعب الاعتماد على طريقة التقليد والمحاكاة وحدها، لعدم تمكن الطفل من الوصول إلى ذلك الهدف بسهولة ، إذ أصبح من الضروري نقل المعارف الإنسانية الكثيرة عن طريق آخر هي المدرسة التي أصبحت تقوم بتعليم النشيء ، المعارف والقيم والاتجاهات والمهارات التي يجب أن تنقل إلى التلاميذ ، وقد سبق العالم الإسلامي الكثير من الشعوب بتأسيس المدارس التي تقوم بتلك المهمة، بالرغم من أن المدارس كانت موجودة في فاس والإسكندرية وعند اليونان، لكن تلك المدارس القديمة كانت محصورة في تعليم نخبة معينة من الناس ، يتميزون بسمة علمية معينة ، وكان الجهل ينتشر بين معظم شعوب العالم، على عكس مجتمعنا الإسلامي الذي تطورت فيه المدارس ، وتطورت المناهج، وكان خريجو تلك المدارس يمارسون واجباتهم التربوية في مجتمع كان يدرك التربية وأهدافها ، إلا أن الدخول في معترك التطورات العلمية المعاصرة ، جعل تلك المدارس بحاجة إلى التأقلم مع الوضع الثقافي العالمي الجديد ، ومحاولة النهوض بالأمة مرة أخرى ، وذلك كي تؤدي رسالتها في المساهمة بقيادة المجتمع، وإعادة ما فسد من مسيرته بعدما عم التجبر والطغيان ، وكذلك التأقلم مع التطورات الاجتماعية الصناعية والتقنية، وترك الأطفال يشتركون مع أطفال العالم في نهل العلوم المختلفة التي أصبحت كثرتها بحاجة إلى تجديد مناهج تعليمية تأخذ بنظر الاعتبار ما يأتي :-

١. النظر في المراحل المدرسية والفئات العمرية للدارسين .

٢. إبقاء الهوية الاجتماعية للأمة العربية وبقائها نظيفة نقية لا تلوثها ظروف التطورات الاجتماعية المتشابكة .

٣. الاهتمام بتطوير مناهج اللغة العربية وطرق تدريسها كلما استدعت إلى ذلك، أي بمراقبة " المناهج من قبل لجان لها خبرة وخلفية تؤهلها لذلك .

٤. الأخذ بمنهج توزيع المسؤولية في المجتمع .

دور المعلم في المدرسة التقليدية

إن دور المعلم في المنهج التقليدي ينحصر بما يأتي :-

١. تلقين المادة الدراسية " طريقة الإلقاء " أو " التلقين " .

٢. ينص الكثير من التعليمات على عدم الخروج عن المنهج ، فالمعلم إذن يعتمد على ما في المنهج الدراسي فقط ، ويعرض نفسه للمسؤولية إن طلب من متعلميه القيام بنشاطات جانبيه لم ينص عليها في المنهج ، وذلك ما يجعل المعلم مقيداً بمفهوم المنهج، وبالنتيجة جموده الفكري، لأنه ملزم بحصر ذهنه بما جاء في المنهج

٣. إن عملية التقويم التي تتم لكفاءة المعلم تنحصر في النتائج التي يحصل عليها تلامذته حسبما هو معروف

نقد المنهج التقليدي

في المنهج التقليدي، يرى التربويون أن هناك جملة سلبيات منها:

أولاً : صار الاهتمام في تصميم المنهج منحصراً فيما يعتبره الكبار مهماً بالنسبة للتلاميذ ، أي أن ميول الطلبة وحاجاتهم لم تؤخذ بنظر الاعتبار، مما جعل خبراتهم التربوية غير مترابطة . وان الصعوبات أصبحت تطغى على بقية الأمور، مما يجعل المنهج بعيداً عن تناول الفروقات والميول .

ثانياً : وتأتي تلك السلبيات أيضاً نتيجة ازدحام المناهج التربوية الأخرى بمعلومات وموضوعات يصعب استيعابها، أو الإلمام بها، أو تنسيقها مع منهج اللغة العربية .

ثالثاً : يهدف المنهج التقليدي إلى الاهتمام بالمادة الدراسية فقط ، فصار إتقان المادة هو هدف المنهج التقليدي .

المنهج التقليدي والمجتمع

من خلال دراسة آثار المناهج التقليدية يمكن القول بأن التقيد بها قد أدى إلى :-

١. انعزال كلي في بعض الجوانب أو جزئي في جوانب أخرى عن المجتمع، لأن البيئة التي يعيشها في الوقت الحاضر بعيدة عن التمثل بكثير من مفردات المنهج .

٢. إن أهداف العملية التربوية التقليدية تركز على هدف الحصول على الدرجات العالية في الامتحانات، بغض النظر عن الفوائد التي تحققها في دراسة مفردات اللغة العربية .

٣. إن أهداف التربية هي خلق قدرة التلاميذ على التكيف الاجتماعي المثالي ، إلا أن طريقة الحفظ والتسميع قد أهملت الجوانب العلمية التي تهدف إليها ، أي أن المنهج التقليدي قد أهمل النشاطات الأخرى التي يجب أن تكون ضمن المادة .

٤. إن المنهج التقليدي وطرائقه لم يعد يساعد الطالب في كثير من الأحيان عن معايشة مجتمعه، وبذلك حرم المجتمع من تلقي المواطن الكفء عن طريق تهيئته بهذا المنهج .

أهداف منهج اللغة العربية الحديث

يزاد على ما ذكرنا من أهداف للمنهج بعض النقاط التي تنسب إلى المنهج الحديث الذي يسعى

إلى :-

١. أنها مجموعة من الخبرات تقدم من المدرسة إلى تلاميذها وتحت إشرافها.

٢. تهدف المدرسة فيها إلى احتكاك وتفاعل المتعلمين مع مناهج اللغة العربية وطرائق تدريسها .

٣. تهدف مناهج اللغة العربية وطرائق تدريسها إلى إحداث تعديل وتطوير في سلوك المتعلمين .

٤. تهدف المدرسة إلى احتكاك وتفاعل المتعلمين فيها مع مناهج اللغة العربية.

٥. تهدف مناهج اللغة العربية إلى نمو شامل كامل في شخص المتعلم.

٦. يؤدي ذلك إلى أقصى درجة ممكنة ، مما يؤدي إلى انعكاسات على الطلبة ومدرسيهم ، وعلى المواد الدراسية (وهنا اللغة العربية) ومن ثم على المجتمع ككل .

تأثير المنهج الحديث على المتعلمين

١. يقدم المنهج الحديث للمتعلمين أحدث المعلومات وفي أحدث صور تجعله معاصراً على ما يجد في العالم الذي يتصف بالتفجر المعرفي والتغيير المتسارع في شتى مجالات المعرفة ، ويجدر بهم أن يستفيدوا من التكنولوجيا في تقديم منهج معاصر يثير المتعلم ويجعله مقبلاً عليه راغباً في تعلمه .

٢. تهيئة الطلبة لتحقيق النمو الشامل الكامل وتعديل سلوكاتهم وفق مفردات مناهج اللغة العربية المقدمة إليهم .

٣. يكون المتعلم بهذا المنهج مختاراً للأنشطة التي تشبع حاجاته ورغباته ، أي بتحويله إلى الإيجابية بدل السلبية التي نلمسها في المناهج التقليدية .

٤. يقوم المنهج الحديث بمراعاة الفروق الفردية وبذلك يحقق الإشباع بتحقيق الرغبات والحاجات للتلاميذ عموماً .

تأثير المنهج الحديث على المعلم

١. إيجاد الفرص للتجديد والابتكار بما لا يتعارض مع الممارسات الإيجابية للمجتمع .

٢. توفير الحرية في اختيار النشاطات وكذلك الوسائل التعليمية والطرق التدريسية التي تنفع المتعلمين وتتلاءم مع طبيعتهم لخدمة الأغراض التربوية المنشودة .

٣. يجعل هذا المنهج المعلم مرشداً حقيقياً ومقوماً لإمكانات الطلبة من جانب ومساعداً على تقديم المعلومات لهم لا أن يكون ملقناً فحسب.

٤. يهدف هذا المنهج إلى جعل تقويم عمل المعلم من خلال قدرته على مساعدة تلامذته في النمو لا في الحصول على علامات امتحانية عالية فحسب.

٥. استخدام المعلم للتقنيات التربوية الحديثة كأسلوب الحاسوب والانترنت واستخدام الوسائل التعليمية بفاعلية لتحقيق الأهداف التربوية المنشودة .

٦. قيام المعلم بربط المعرفة بالحياة وأن تُعنى بالجانب التطبيقي في الموضوعات التي يطرحها منهج مفردات اللغة العربية.

تأثير المنهج الحديث على المادة الدراسية

١. أن تكون اللغة العربية ملائمة لما يقدم من برامج لمواد التدريس المختلفة ، أي أنها لن تكون منفصلة عنها بشكل يؤدي إلى الصعوبة عند الطلبة أو الملل.

٢. أن تكون المادة متصلة بما بعدها بحسب المراحل لتكون أداة فعالة لتحقيق الأهداف التربوية الموضوعة لها.

٣. أن يتضمن محتوى بعض مفرداتها القضايا والأمثلة المستجدة وذات الأثر الإنساني أو العالمي.

تأثير المنهج الحديث للغة العربية على المجتمع

١. ستكون المدرسة قد قدّمت من الخبرات ما هو عميق الصلة بلغة المجتمع والحياة العامة فيه " وطرق تفكيره " .

٢. إن المدرسة ستكون قد ساعدت الأسرة في تنمية ما يحتاجه المتعلم من خبرات تربوية لغوية والتي تهدف في النهاية إلى خلق الإنسان الكفء لغوياً وفكرياً.

مميزات منهج اللغة العربية الحديثة

يتميز منهج اللغة العربية الحديثة بجملة أمور :-

١. أن يلبي حاجات المتعلم وحاجات المجتمع ويجعله هدفاً رئيساً دون المساس بالمادة الدراسية ومتطلباتها ، بل توظفها لصالح المتعلم والمجتمع بتنسيق المواد اللغوية مع التراكم المعرفي وإعادة تنظيمه عن طريق البحث والتكفير وليس عن طريق الحفظ والتلقين فحسب .

٢. لا بد أن يكون " المتعلم " هو محور العملية التربوية واللغوية لذلك لا بد من الاهتمام بالفروق الفردية بين المتعلمين وتلبية حاجاتهم وفق إمكاناتهم وقدراتهم اللغوية الفردية .

٣. أن لا يقتصر منهج اللغة العربية على الكتاب المقرر لأنه يشمل المدرسة بكل ما فيها من إمكانات وخدمات وفعاليات .

٤. تربط العملية التربوية اللغوية " بموجب منهجها الحديث " بالبيئة الاجتماعية بشكل مباشر .

٥. تكون " المادة الدراسية " جزءاً أساسياً في منهج اللغة العربية لأنها الوسيلة العملية لتعديل وتقويم قدرة المتعلم ولأنها تتصل ومقدّساته الدينية " القرآن الكريم ".

٦. يهتم منهج اللغة العربية بتنمية شخصية المتعلم ببعض أبعادها لمواجهة التحديات التي تواجهه .

٧. يسعى منهج اللغة العربية الحديث إلى تنمية قدرات المتعلم اللغوية والعلمية على التعلم الذاتي المستمر لتوظيف تعمله في شؤون حياته الشخصية والاجتماعية .

٨. يكون دور المعلم في المنهج الحديث للغة العربية :-

أ- موجهاً ومشاركاً في العملية التربوية .

ب- ولكونه منظماً للعملية التربوية هذه ، لا بد أن يكون مساعداً في تصميم المواقف التعليمية التي تساعد الطلبة على التعلم الذاتي والتعلم التعاوني.

ج- ولكونه معلماً يمتلك المهارات الإدارية والأساسية التي تساعده على القيام بالعملية التربوية واللغوية بمنهج حديث ، فلا بد أن يؤدي دوره بإتقان :-

أولاً : دوره كباحث ومجدد .

ثانياً : دور كمفكر في تدريب المتعلمين على التفكير المستقبلي .

ثالثاً : دوره كمعلم للتفكير الإبداعي والناقد .

رابعاً : دوره كمقوم للنتائج التعليمية ، ومع التقدم التقني عليه أن يستخدم الحاسوب في تقويم أداء المتعلم وبدون الحاجة إلى الطرق التقليدية في التقويم. (١)

---

(١) مناهج التربية الإسلامية وأساليب تطويرها ، ص / ١٠٩-١١٠ " بتصرف "

المنهج والكتاب المدرسي

تعد المقررات الدراسية الدعامة الأساسية للمنهج ، وإذا كانت التربية الحديثة تنادي بعدم الاقتصار في تحديد مفهوم المنهج على هذه المقررات ، فإن ذلك لا يعني انتقاصاً من أهمية المعرفة والمعلومات، فهي ثمرة قيّمة من ثمار الخبرة الإنسانية، وهي الأساس لكل تقدم ثقافي . وتعد الكتب المدرسية ترجمة للمقررات، وهي تؤثر في عمل المدرس والطالب. لذلك ينبغي أن يُعتنى بتأليف هذه الكتب، بحيث يتوفر فيها التتابع والاستمرار والتكامل ، وكذلك يجب أن تكون ملائمة لمستويات الطلبة كافة ، ومحققة للربط الوثيق بين المدرسة والمجتمع ، وآخذة بنظر الاعتبار جميع الأهداف التربوية . وتعد الكتب المدرسية من الوسائل الأساسية التي تعبر عن المنهج وتعكس أهدافه، فهي أداة مهمة في العملية التعليمية، في بلادنا خاصة، سواء أكانت هذه الأداة في يد المعلم أم في يد المتعلم .

والكتاب المدرسي - وبخاصة كتاب اللغة العربية - من أكثر الوسائل التعليمية فاعلية وكفاءة في مساعدة المدرس والطالب في أداء مهمتهما في المدرسة. ولذلك يمثل الكتاب عنصراً لا غنى عنه في أي برنامج تربوي، فهو دليل أساسي لمحتوى البرنامج ولطرق التدريس ولعمليات التقويم ، وهو موجه نحو أهداف التربية ويرسم الحدود العامة والمفاهيم والقيم التي يحتاج إليها الطلبة والمجتمع معاً في أية مرحلة من مراحل تطوره .

والكتاب المدرسي هو الصورة التنفيذية للمنهج، وهو الذي يعمل على إخراج المادة اللغوية في أنماط من الموضوعات والبناء والصياغة يتسنى لها ان تحقق أهداف المنهج الدينية والوطنية والاجتماعية والسلوكية والعصرية .

والكتاب المدرسي مرجع الطالب الأساسي يُثري معارفه وخبراته ، وهو مصدر للمعرفة يزوده بالمعلومات الضرورية، وبفضله ينال الطالب قدراً مميزاً من ثقافة مجتمعه وأمته ويزوده بألوان الثقافات الأخرى .

ومع تطور المجتمعات وتقدم العلم والتكنولوجيا وتنوع وسائل النشر وتعدد الاختصاصات أصبحت الحاجة ماسة إلى الكتاب وضرورية، لتشجيع عملية التعلم الذاتي لدى المتعلم ، والكتاب المدرسي أداة مهمة في عملية التدريس، إذ يستعمله المدرس في عملية التدريس قبل الشروع بتنفيذه وفي أثناء عملية التنفيذ .

والكتب المدرسية متنوعة ومتخصصة في مجالات متعددة نتيجة لنمو الخبرة الإنسانية مع مرور الزمن ، فقسمت على ميادين مختلفة، ثم قسم كل ميدان من هذه الميادين على مجموعة من المواد، وقد تصنّفت هذه المواد على أساس اختيار مجموعة مناسبة منها، ووضعها في الكتاب المدرسي لتقديمه إلى الطالب في كل مرحلة وفي كل صف، مع الأخذ بنظر الاعتبار مراحل النمو التي يمرون بها .

وإن للكتاب مكانة خاصة في الإسلام، إذ وردت لفظة الكتاب في القرآن في أكثر من مائتين وخمسين موضعاً للدلالة على أكثر من معنى ، منها اللوح المحفوظ والحساب والتوراة والإنجيل والقرآن وقد أدرك المربون المسلمون أهمية الكتاب في عملية التعلم، فحث الطلبة على اقتناء الكتب والعناية بها، وقد خصص - ابن جماعة (ت ٧٧٣هـ / ١٣٨١م) فصلاً في كتابه المُسى (تذكرة السامع والمتكلم في أدب العالم والمتعلم) ناقش فيه آداب الطلبة مع الكتب، ومما جاء في هذا الكتاب (ينبغي لطالب العلم أن يعتني بتحصيل الكتب المحتاج إليها ما أمكنه شراءه وإلا فإجارة أو عارية لأنها آلة التحصيل)

وقد اهتم المربون في العصر الحديث بالكتاب المدرسي، لذا عُقدت له الندوات والمؤتمرات للبحث في الأسس التي يقوم عليها ومواصفات إخراجه، وغير ذلك من المشاكل المتعلقة به وهذا الاهتمام بالكتاب المدرسي نابع من الوظائف التي يؤديها.

أسئلة تقويمية

ضع إشارة صح أو خطأ أمام كل نقطة مما يأتي :-

١.   لا يقوم المنهج على أسس نفسية أو اجتماعية   (   )

٢.   لا يعني المنهاج المفردات التي تقدمها المدرسة لتلاميذها   (   )

٣.   المنهج هو سلسلة منظمة من نتائج التعلم المقصود   (   )

٤.   المنهج الحديث يفتقر إلى مجموعة الخبرات التربوية والثقافية التي تهيئوها المدرسة لتلاميذها

(   )

٥.   من خصائص المنهاج أن الخبرات الغنية المتنوعة في نوعها ومستواها بعيدة عنه   (   )

٦.   إن عناصر المنهج تتكون من الأهداف ، المحتوى ، الطريقة ، التقويم

(   )

٧.   يرى جين بياجيه أن هناك أربعة مراحل لنمو العقل عند الإنسان هي مرحلة الحس الحركي

ومرحلة تسبق العمليات العقلية ومرحلة التفكير العقلي ومرحلة التفكير النظري   (   )

٨.   لقد عني المسلمون بالتفكير الخلقي وجعلوه مراحل هي :-

أ- خضوع المرء في تصرفاته للإثارة المادية التي تنجم عنه .

ب-   رضا الله ورسوله وطمع المرء في الثواب بالآخرة .

٩.   تسعى التربية إلى أن يكون المتعلم معافى من الأمراض إلا أنها لا تسعى إلى أن يكون سليم البدن

قوي الجسم لأنها تفصل هذا الموضوع عن الصحة   (   )

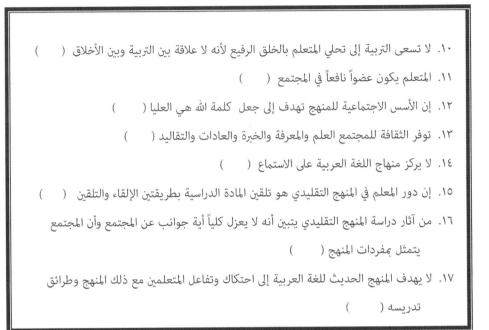

١٠. لا تسعى التربية إلى تحلي المتعلم بالخلق الرفيع لأنه لا علاقة بين التربية وبين الأخلاق ( )

١١. المتعلم يكون عضواً نافعاً في المجتمع ( )

١٢. إن الأسس الاجتماعية للمنهج تهدف إلى جعل كلمة الله هي العليا ( )

١٣. توفر الثقافة للمجتمع العلم والمعرفة والخبرة والعادات والتقاليد ( )

١٤. لا يركز منهاج اللغة العربية على الاستماع ( )

١٥. إن دور المعلم في المنهج التقليدي هو تلقين المادة الدراسية بطريقتين الإلقاء والتلقين ( )

١٦. من آثار دراسة المنهج التقليدي يتبين أنه لا يعزل كلياً أية جوانب عن المجتمع وأن المجتمع يتمثل بمفردات المنهج ( )

١٧. لا يهدف المنهج الحديث للغة العربية إلى احتكاك وتفاعل المتعلمين مع ذلك المنهج وطرائق تدريسه ( )

الوحدة السادسة

الأهــداف

تمهيد

العملية التربوية تنطلق من أهداف . وكل مؤسسة تربوية تسعى إلى تحقيق أهداف عريضة تصنعها لنفسها ، بشكل كلي أو بشكل جزئي ، بشكل مباشر أم بشكل غير مباشر .

الأهداف العامة تنتج من الأهداف التربوية . ومنها تنتج أهداف خاصة أو سلوكية

كل ذلك يقع ضمن أهداف الدولة التربوية . ضمن النظام التربوي الذي يتمثل بفلسفتها، تلك الفلسفة التي تنتج من الفلسفة السياسية والاجتماعية والأنماط الثقافية، وكل دولة تسطر الكثير من القيم التي تتحدد بما يأتي :-

١.   إعداد مواطن يؤمن بحقوق المواطنة ويتحمل المسؤولية .

٢.   إعداد المواطن المتفهم لمظاهر البيئة وحاجاتها .

٣.   إعداد المواطن المستطيع لنقل الأفكار إلى الآخرين بيسر عن طريق لغته العربية ، إن كان في ذلك بلداننا العربية .

والقيم الثلاثة التي أشرنا إليها هي قيم عالمية ، وهذه القيم تصاغ بشكل أهداف تربوية وعلى المربين والمخططين والمعلمين أن يحددوا الأهداف إذا أريد للتعلم أن يحدث بفعالية، وأن يعطي نتائج مقبولة، وبالنتيجة أن تكون هذه الأهداف أهدافاً ذاتية للمتعلم. فإذا غابت الأهداف ضاعت الجهود.

والأهداف لا تصاغ بطريقة واحدة ، ويمكن أن تجمع بين المحتوى والطريقة، ويجب أن تصاغ الأهداف كتغيرات سلوكية في المتعلم كالتغيير في سلوك الفهم وسلوك المعرفة وسلوك التطبيق، حيث إذ إنها تركز الانتباه على نشاط التعليم بدل التركيز على نتاج عملية التعلم الذي يجب أن يحققه المتعلم .

وتهتم فلسفة التربية أساساً بالأهداف العريضة والقيم التي تتضمنها الأنظمة التعليمية، والتركيز فيها قائم على الغايات وليس على الوسائل، وأن الفلسفات

التعليمية الحديثة تعني أن التعليم يجب أن يكون إعداداً للفرد حتى يتمكن من استعمال المهارات والمعلومات التي تعلمها، وأن يكون إعداداً للمستقبل .

ومن السلوكات التي يجب أن يقوم بها المعلم :-

١.   تحديد الأهداف التعليمية وتوضيحها .

٢.   تحديد العوامل التي تساعد المتعلمين على تحقيق الأهداف.

٣.   تحديد إنجازات المتعلمين والتأكد من التعليم ومن نتائجه .

والهدف بمفهومه العام هو رغبة يسعى الفرد أو المجتمع إلى تحقيقها ، فما هي الأهداف التي نتوخاها من التربية أو من المنهج المدرسي ؟

إن الصعوبات في تحديد المناهج هي أن تترجم العموميات إلى خصوصيات والمثاليات إلى وقائع ، والفلسفة إلى تربية والأهداف التربوية إلى أهداف تعليمية، والأهداف التعليمية إلى أهداف سلوكية يبنى عليها المحتوى ، والأهداف السلوكية التعليمية هي الأهداف المعرفية أو العقلية ، والأهداف الوجدانية والأهداف المهارية " النفسحركية " .

الأهداف التعليمية

سبق أن ذكرنا أن الهدف هو رغبة يسعى الفرد أو المجتمع إلى تحقيقها، والأهداف التعليمية هي رغبة يسعى المعلم أو المجتمع إلى تحقيقها ، وتظهر على سلوكات المتعلم ، وهي التي ذكرناها ، العقلية والوجدانية والمهارية .

إذن فعلى المتعلم أن يخطط لخطوات تحقيق الأهداف .

ويرى (ميجر) أن الخطوات تتحدد بما يأتي :-

١.   تحديد الأهداف التي يريد تحقيقها بعد نهاية الوحدة الدراسية (في المتعلم).

٢.   اختيار الوسيلة المناسبة والطريقة المناسبة لتحقيق الهدف .

٣.   وضع المحتوى المناسب لتحقيق الهدف .

٤.   تقويم أداء المتعلمين .

خطوات ميجر للعملية التربوية

إن الأهداف التعليمية بموجب ما عرفناه من ميجر هـي " عبـارة توضـح رغـبة في تغـيير متوقـع في سلوك المتعلم ، وهذه العبارة تعبر عن مزايا يمكن ملاحظتها وقياسها ، فالأهداف التعليمية هي عبارات أو جمل مكتوبة بدقة لوصف الطريقة التي سيتصرف بها الطلاب بعد الوحدة التدريسية ، وتصف مـا يتوقع من المتعلم إنجازه .

وبموجب هذا تكمن فعالية التعليم في تحقيق الأهداف ، ويمكن للمتعلم أن يحكم عـلى مـا حققـه من تقدم في التعليم نسبة إلى بعده عن الهدف ، أو سيطرته على المادة المدرسية .

فالأهداف إذن تساعدنا على ما يأتي :-

١.   دقة التقويم .

٢.   اختيار المحتوى بشكل دقيق ومناسب .

٣.   يتمكن المتعلم من تقويم تحصيله أو أدائه بنفسه .

وكذلك فإن (ميجر) يرى أن الأهداف تمثل درجة سيطرة المتعلم على المـادة الدراسـية عنـد انتهـاء التعليم .

خطوات ميجر لناتج عملية التدريس

إن الهدف التعليمي المكتوب يفهم المتعلم رغبة المعلم من وراء تدريسه لمادة معينة ، وأن الأهداف الجيدة هي المفهومة المحددة والدقيقة والمكتوبة بعبارات إجرائية واضحة ، وهي تحول دون تفسيرات محتملة .

والأهداف التعليمية السلوكية إذن تقدم الخدمات الآتية :-

أ-   تقديم غرض دراسي واضح للمتعلم .

ب-   تستثني كثيراً من الاحتمالات والتفسيرات لما قد يقع .

ج-   تعين المعلمين على اختيار المتعلمين الذين يظهر عليهم السلوك المتوقع "الهدف " .

ح-   تعين المعلمين في توجيه نشاطاته وأساليبه نحو الأهداف المقصودة لعملية التعليم والتعلم .

إن أول خصائص الهدف الجيد هي الدقة التعبيرية والموضوعية التي تقلل من احتمالات التأويل .

خطوات وضع الأهداف

لا بد من أخذ خطوات ميجر بالاعتبار ، إذ إن الهدف في رأيه عبارة عن سلوك يقوم به المتعلم في نهاية الوحدة الدراسية كدليل على حدوث عملية التعليم، (والسلوك هو النشاط المرئي أو المسموع الجديد الذي يبدو على المتعلم بعد دراسة الوحدة) .

أما خطواته فهي ثلاثة :-

الأولى : تحديد عبارة الهدف السلوكي النهائي الذي سوف يظهر على المتعلم بعد دراسته الوحدة.

الثانية : تحديد الشروط أو المواصفات التي من المتوقع أن يحدث السلوك النهائي ضمنها .

الثالثة : تحديد عبارة الهدف المعياري للأداء المقبول من المتعلم، ليدل على تحقيق الهدف أو حدوث التعلم أي درجة الجودة أو الإتقان .

صياغة الأهداف

تكون الأهداف عامة وخاصة، أما الأهداف العامة : فيجب أن تبدأ عباراتها بفعل فيه بعض العمومية تتناسب مع الزمن المخصص لعملية التدريس مثل " أن يعرف، أن يستوعب، أن يطبق ، أن يحلل ، أن يركب ، أن يقوم " فهذه الأفعال تحتوي على درجة معقولة من العمومية ، ويجب أن تكتب بشكل دقيق وواضح . وأما الأهداف الخاصة : فتأتي بعد تحديد الأهداف العامة ، وتسمى هذه الأهداف بالمحددة أي تحديد عينة السلوكات التي سوف يقوم بها الطلاب ، وهي دالة على الهدف العام ، وهذه السلوكات تدل على تحقيق الأهداف .

إن سهولة الهدف أو صعوبته تحددان عدد النتاجات أو السلوكات المحددة، ومدى مناسبة السلوك المحدد للهدف التعليمي الذي يعبر عنه .

خطوات تحديد الأهداف :

إن خطوات تحديد الأهداف التعليمية بشكل سلوكي يجب أن تشتمل على ما يأتي :-

١. كتابة الأهداف التعليمية كناتج تعليمي متوقع من المتعلم .

٢. وضع نواتج تعليمية محددة تحت كل هدف تعليمي عام وذلك عن طريق :-

أ- الابتداء بفعل يدل على سلوك يمكن ملاحظته .

ب- وضع قائمة للنواتج التعليمية المحددة لأوصاف السلوك المتوقع .

ج- التيقن من ملاءمة الناتج التعليمي للهدف .

٣. تنقيح وتعديل قائمة الأهداف العامة عن طريق النتاجات التعليمية .

٤. عدم حذف الأهداف الصعبة أو المعقدة .

٥. الاستعانة بالمواد التي يمكن الرجوع إليها للتعرف على وصف الأهداف المحددة .

تصنيف الأهداف التعليمية

إن تنمية شخصية المتعلم هي من أهـم الأمـور التي تهتم بهـا التربيـة الحديثة ، وقـد قـام بلـوم

وكراثهول بكتابة الخطوات العملية لترجمة هـذا الأمـر إلى ممارسـات عمليـة (أي كتابـة الأهداف للأبعاد

الرئيسة لعملية التعليم والتعلم) .

ويعد هذا الكتاب مفيداً ومهماً في موضوع الأهداف التعليمية ، وقد صنفت الأهداف بأبعـاد ثلاثة

هي :-

١. **البعد المعرفي** : وتشتمل الأهداف والنتاجات العقلية (المعرفة والفهم)

٢. **البعد الوجداني** : الأبعاد الدالة على المشاعر والانفعالات كالاهتمامات والاتجاهات

٣. **البعد الحركي** : وتشتمل على الأهداف والنتاجات الدالة على المهارات الحركية

وقد صنف بلوم الأهداف في <u>البعد المعرفي</u> إلى ست فئات رئيسية وهي :-

١- المعرفة

٢- الاستيعاب

٣- التحليل

٤- التطبيق

٥- التركيب

٦- التقويم

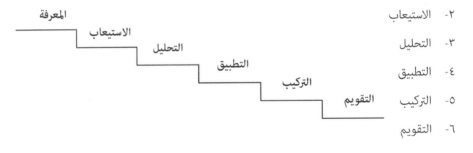

مستويات بلوم في تصنيف الأهداف

ومستويات بلوم في تصنيف الأهداف هي تنظيم الفئات فيما بينها وفق ترتيب هرمي من الأسهل إلى الأصعب، ومن البسيط إلى المركب، كما يفترض أن الفئة المتقدمة تشتمل على الفئات التي تسبقها وتحتويها، كما يظهر في الشكل المذكور آنفاً .

أما البعد الوجداني فقد صنف كراثهول النواتج العملية العاطفية بالفئات الآتية:-

١- **الاستقبال** : الانتباه إلى ظاهرة أو مثيرة ، أي ينصب الاهتمام على الإثارة .

٢- **الاستجابة** : الاستجابة إلى الظاهرة بطريقة ما .

٣- **التقدير أو التثمين** : ينصب الاهتمام في هذه الفئة التي يعطيها الطالب لموضوع أو ظاهرة أو سلوك ما كالقبول البسيط بقيمة معينة .

٤- **التنظيم** : عن طريق المقارنة للقيم والوصول إلى تركيب جديد .

٥- **الاتصاف بقيمة أو تجمع قيم** ، وتغطي النتاجات التعليمية في هذا المستوى مدى واسعاً من النشاطات .

أما في البعد الحركي فقد صنف كبلر وبيكر النواتج الحركية في الفئات الآتية:-

أ- حركات الجسم العامة :- فإن التأكد يقع على القوة والسرعة والدقة .

ب- الحركات الدقيقة المنسقة :- تتضمن أنماطاً من الحركات المنسقة التي تتطلب الوصول إلى المستوى المطلوب من المهارة .

ج- منظومات اتصال غير لفظي :- وتشير إلى السلوكات المتعلمة التي بواسطتها يرسل الفرد رسالة ما لمستقبلها بدون استخدام لغة ما.

د-سلوكات الكلام :- وتشير إلى إخراج الكلام في التخاطب والخطابة وغير ذلك.

وقد صنف (جاينيه) نمطاً آخر للمهمات التعليمية يتمثل بتحديد الأنماط المختلفة للتعلم يجريها المعلم وتصبح مهمة لأنها تسبق أنماط تعلم أخرى أكثر رقياً.

ومثال على ذلك ، فإن الإنسان يجب أن يعرف العد قبل أن يتعلم الجمع، وعليه أن يتعرف الأحرف اللغوية قبل أن يقوم بكتابة الجمل أو الفقرات وقبل أن يستخدم القاموس مثلاً .

وبناء على ذلك وزع (جاينيه) أصناف التعلم إلى ثمانية يبدأ بها من الأسهل إلى الأصعب ويمكن أن يوزعها المرء على الشكل التالي :-

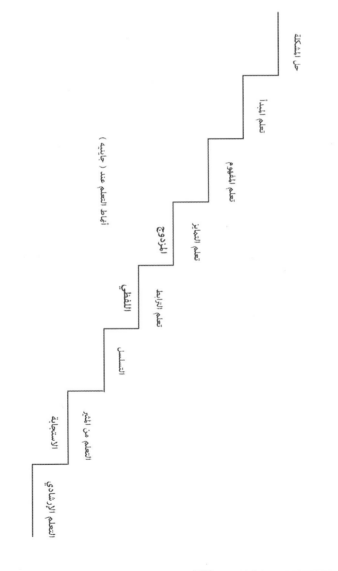

١. التعليم الإرشادي : مثل القلق أو الشعور بالسرور أو غير ذلك

٢. التعلم من مثير (الاستجابة) فمثلاً قدرة الطفل على إعطاء الاستجابة تصحبها قدرة عضلية معينة

٣. التسلسل : أي القدرة على ربط سلسلة من الأمور التي يتعلمها الطفل مثلاً

٤. تعلم الترابط اللفظي : تعلم الطفل على تكوين السلسلة اللفظية يتضمن كلمات ومقاطع

٥. تعلم التمايز المزدوج : أي التفريق بين منظومات في المثيرات مع إعطاء الاستجابات

٦. تعلم المفهوم : قدرة الطفل على الاستجابة لمجموعة من المثيرات وإعطائها تسميات معينة

٧. تعلم المبدأ : قدرة الطفل على الحصول على معلومات وفهم علاقات بين المفاهيم (العلاقـة بـين مفهومين)

٨. حل المشكلات : تعلم استخدام المبدأ من أجل حل مشكلة ما يصل بها المتعلم إلى مبدأ جديد

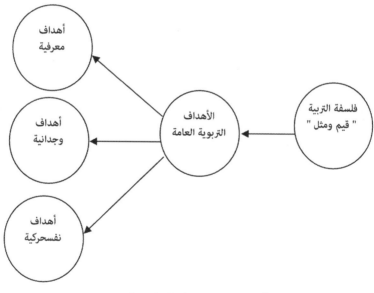

تكوين الأهداف الخاصة " السلوكية " المحدودة

أسئلة تقويمية :

ضع (√) أو (X) في المكان المناسب

١. تسعى المؤسسات التربوية إلى تحقيق أهداف عريضة تضعها لنفسها بشكل كلي أو جزئي (   )

٢. إن تحديد الأهداف التعليمية وتوضيحها لا يعد من السلوكات التي يجب أن يقوم بها المعلم (   )

٣. إن (ميجر) لا يرى أن وضع المحتوى المناسب من أسباب تحقيق الهدف (   )

٤. من الأهداف التعليمية السلوكية ، تقديم غرض دراسي واضح للمتعلم (   )

٥. من خطوات وضع الأهداف ، إلغاء تحديد الشروط أو المواصفات التي يتوقع أن يحدث السلوك
النهائي ضمنها (   )

٦. إن الاستيعاب هو إحدى أبعاد (بلوم) المعرفية لتصنيف الأهداف (   )

٧. يرى (كبلر وبيكر) أن سلوكات الكلام هي من النواتج الحركية في الأبعاد الحركية في تصنيف
الأهداف (   )

٨. لا يهتم (جاينيه) بتحديد الأنماط المختلفة للتعلم في تصنيفه للأهداف (   )

الوحدة السابعة

الكفايات في اللغة العربية

مفهوم الكفاية :

١. **الكفاية :** هي امتلاك المعلومات والمهارات والقدرات المطلوبة كالقدرة على العمل، كما أنها مجموعة المعلومات والمهارات والاتجاهات التي يمكن اشتقاقها من أدوار الفرد المتعددة .

٢. وتعني امتلاك الإنسان لجميع المعارف والاتجاهات والمهارات اللازمة لأداء مهمة ما على نحو ميسر .

٣. قدرة المعلم على إنجاز أهداف التعليم ، وتقاس بمدى خبرته السابقة أو مستوى التحصيل .

٤. هي المهارة الرئيسة التي ينبغي على المعلم أن يتبعها ويجب أن تظهر هذه الكفاءات من خلال سلوك ومحصلات التلاميذ .

٥. مجموعة من المعارف والمفاهيم والمهارات والاتجاهات التي توجه سلوك التدريس لدى المعلم وتساعده في أداء عمله داخل الفصل وخارجه بمستوى معين من التمكن ، ويمكن قياسها بمعايير خاصة متفق عليها .

٦. هي المهارات الرئيسة التي ينبغي على المعلم أن يمتلكها بحيث تظهر هذه الكفاءات من نتائج البحوث حول العلاقة بين مواصفات أو سلوك المعلم ومحصلات الطالب .

٧. هي مجموعة المعارف والمهارات والاتجاهات اللازمة لتنظيم عملية التعلم.

٨. القدرة التي تتضمن مجموعة من المهارات والمعارف والمفاهيم والاتجاهات التي يتطلبها عمل ، بحيث يؤدى أداءً مثالياً ، وهذه القدرة تصاغ في شكل أهداف تصف السلوك المطلوب بحيث تحدد هذه الأهداف مطالب الأداء التي ينبغي أن يؤديها الفرد .

٩. هي مجمل السلوك الذي يتضمن المعارف والمهارات الأدائية بعد المرور في برنامج تعلم محدد يعكس أثره على الأداء والتحصيل المعرفي ويقاس من

خلال أدوات القياس الممثلة بالاختبارات التحصيلية وبطاقات الملاحظة المعدة لذلك الغرض .[1]

١٠. مزيج من المهارات والسلوكيات والمعلومات المتكاملة التي اشتقت وفقاً لمستويات محددة لنتائج التعلم المرغوب فيها [2] .

الكفاية والأداء والكفاءة والمهارة

١. الكفاية هي القدرة على أداء سلوك ما ، والكفاية في شكلها الظاهر هي الأداء الذي يمكن ملاحظته وتحليله وتفسيره وقياسه أي أنها مقدار ما يحققه الفرد في عمله وتستخدم للدلالة على مستوى الإنجاز في العمل .

٢. الأداء هو إظهار المهارة بشكل يمكن قياسه ، وهو المظهر العملي للكفاية، ويعني ما يفعله الفرد فعلاً من خلال أدائه لمهمة ما وليس ما يستطيع أن يفعله ، ولهذا فإنه يتوقع أن يختلف الأداء من موقف لآخر .

٣. الكفاءة : هي تحقيق مستوى الجدارة أو الحد الأقصى وليس الأدنى المقبول كما يحدث في الكفاية ، والكفاءة في شكلها الظاهر أداء فعلي للعمل [3].

٤. المهارة تعني السهولة والدقة والسرعة والإتقان والاقتصاد في الوقت والجهد في أداء عمل معين يؤديه الفرد .

حركة الكفايات التعليمية :

هي البرنامج الذي يحدد الأهداف بذكر الكفايات التعليمية التي على المعلم أن يؤديها ، ويحدد كذلك المعايير التي يتم التقويم على أساسها، ويضع مسؤولية اكتساب الكفاية وتحقيق الأهداف على المتعلم نفسه .

---

(١) الكفايات التعليمية في القياس والتقويم واكتسابها بالتعلم الذاتي ص (١١-١٣) (بتصرف)

(٢) المصدر السابق ص/١٦

(٣) الكفايات التعليمية في القياس والتقويم واكتسابها بالتعلم الذاتي ص(١١-١٣) (بتصرف)

أما البرنامج الذي يقوم على الكفاءات فإنه مجموعة الخبرات التي صممت لغرض التعليم بطريقـة مترابطة من خلال صفات العمل التعليمي، وذلك لتطوير كفاءات المعلمـين إلى مسـتوى أداء معـين، وهـو يقوم على مجموعة من (المديولات، النماذج) تحتوي على عناصر أساسية هي الأهمية والأهداف والمحتوى والأنشطة التعليمية والأدوات والوسائل التعليمية والقراءات والمراجع والتقويم، وتركيز هذه الوحدات على تعزيز التعلم والتعليم الذاتي ^(١).

نتائج ظهور حركة الكفايات التعليمية

١. اعتماد الكفاءة والأداء بدلاً من المعرفة كإطار مرجعي.

٢. ظهور مبدأ المسؤولية في العملية التربوية بتحويل دور المعلـم مـن مصـدر للمعلومـات إلى موجـه وميسر لعملية التعلم .

٣. تحديد الأهداف بشكل سلوكي، فالأهداف في الحركة واضحة وسلوكية مصاغة علـى شـكل نتاجـات تعليمية محددة قابلة للقياس وتحدد أنواع السلوك وتعمل كوسيلة اتصـال بـين المعلـم والمـتعلم وتشكل أساساً لاختيار الأنشطة التعليمية المناسبة وقياس نتاجات التعلم وتقويمها .

٤. التطور التكنولوجي الذي أمدّ التعليم والتعلم بمصادر وطرق جديدة كان من العوامـل التي طـورت حركة التربية القائمة على الكفايات .

٥. التربية القائمة على العمل الميداني ومنح الشهادة على أساس الكفاءة ومعيار الطالـب / المعلـم هـو ما يستطيع عمله لا ما يعرفه أو يعتقده أو يشعر به ، فإذا استطاع الطالـب / المعلـم تطبيـق مـا يعرفه واستطاع أن يعمل ما هو متوقع منه مُنح الشهادة .

(١) المصدر السابق ص ١٧ ، (بتصرف)

مصادر اشتقاق الكفاءات

هناك أربع طرق لاشتقاق الكفاءات هي :-

١. طريقة تخمين الكفاءات اللازمة (وهي أقل الطرق صدقاً).

٢. طريقة ملاحظة المعلم في الصف (وهذه أفضل من الأولى حيث تربط كفاءات المعلم بالنتاج التعليمي لدى التلميذ).

٣. الطريقة النظرية في اشتقاق الكفاءات .

٤. الدراسات التحليلية (وهي أفضل الطرق).

وهناك مصادر اشتقاقات أخرى للكفاءات منها :-

١. تحليل محتوى المقررات وترجمته إلى كفاءات (أي بتحويلها إلى عبارات تقوم على الكفاءة). ويمكن أن يضيف المعلمون ما يرونه ضرورياً من كفاءات وأهداف لما يشتق من المحتوى .

٢. تحديد الحاجات ويتطلب تحديد حاجات المجتمع والمدرسة والمهتمين بمجال التعليم (من معلمين وطلاب وغيرهم) حتى يتم اشتقاق كفايات البرنامج في ضوء هذه الحاجات. ويُعد هذا من أكثر الأساليب قبولاً لاشتقاق كفايات المعلم وتحديدها، وأكثرها ملاءمة لبرامج الإعداد قبل الخدمة وأثناءها.

٣. قوائم تصنيف الكفاءات الجاهزة التي تتيح إمكانية اختيار الملائم منها لحاجات البرنامج، ويتم ذلك في ضوء استراتيجيات واضحة ومحددة يتم في ضوئها اختيار العدد المناسب من الكفاءات .

٤. مشاركة العاملين في مهنة التعليم في عملية اشتقاق الكفاءات وتحديدها .

وتجدر الإشارة إلى أن نجاح العملية التعليمية وتحقيق أهدافها يعتمد على الترابط والتفاعل بين الجانبين النظري والعملي للعملية التعليمية من خلال الآتي:-

١. تزويد المتعلم بالحقائق والمفاهيم والمعلومات المطلوبة وبشكل منظم ومناسب لمستوى التعليم المستهدف ، وهو ما يعرف بالجانب النظري .

٢. إكساب المتعلم المهارات الأدائية التي تتضمن جميع النشاطات والمهارات التطبيقيـة التـي يؤديهـا المتعلم. ولهذا الجانب أهمية كبيرة في إكساب المهارات التـي يحتاجهـا المتعلـم في عملـه مستقبلاً، وتنمية قدراته الذهنية والعملية ووضع الأسس والمفاهيم النظريـة إلى تنمية روح حـب العمـل والنظام لدى المتعلم، وشعوره بالمسؤولية والدقة في العمل .

وغالباً ما يتعذر وضع حد فاصل بين المهارات الأدائية والمعارف النظرية المرافقة في العمليـة التعليمية ، ولكن يتفاوت مدى التعمق في كل منها (المهارات والمعارف) تبعاً لطبيعة الموضوع الذي يتم تعلمه، فلكل منهما جانب (لماذا)، وجانب (كيف) .

التقويم الأثناني

١. ما هو مفهوم الكفاية ؟ سؤال عام للمتعلمـين ، اذكر ذلك بالتفصيل، "يشارك المعلم متعلميه في الجواب إتماماً للفائدة .

٢. بين الفرق بين الكفاية والأداء والكفاءة والمهارة ؟ حدد كل مفهوم مـن تلك المفاهيم بدقة .

٣. ما هي مصادر اشتقاق الكفايات . أذكرها بالتفصيل ، "يشارك المعلـم متعلميه بالإجابة إتماماً للفائدة " .

٤. كيف يتم الـترابط والتفاعـل بـين الجـانبين النظري والعملـي للعمليـة التربويـة ؟ اشرح ذلك بالتفصيـل "يشـارك المعلـم متعلميه الإجابة الصحيحة إتماماً للفائدة .

المهارات الأدائية البسيطة والمركبة :

المهارات الأدائية تتطلب استخدام العقل والحركة، لذا يطلق عليها بالمهارات النفس حركية ، وهذه المهارات يمكن أن تكون (بسيطة) تتضمن فعالية واحدة أو عدد قليل من الفعاليات البسيطة التي يمكن تعلمها وممارستها مرة واحدة . وهذه عادة لا تتطلب تنسيقاً عالياً بين الحركة والعقل، ويتم تعليمها باتباع ما يسمى بالطريقة الشاملة التي من خلالها يتم تعليم وممارسة المهارة بأكملها مرة واحدة، من دون تجزئتها إلى خطوات .

وهناك أيضا المهارات المعقدة التي لا يمكن تعليمها وممارستها مرة واحدة، وهنا يتم اتباع ما يعرف بالطريقة المجزأة في تعليم هذا النوع من المهارات، ويكون ذلك من خلال تجزئة المهارة المعقدة إلى عدة أجزاء أو فعاليات أو خطوات. ويتم تعليم وممارسة وإتقان جزء واحد في كل مرة قبل الانتقال إلى الجزء الآخر لحين إكمال ممارسة المهارة بكل أجزائها وفعاليتها . وفي هذه الحالة لا يمكن تعلم كل الفعاليات مرة واحدة ضمن تلك المهارة بل يجب أن تؤخذ على سبيل المثال الفعالية الأولى، وهي اختيار السرعة المناسبة . ويتم تعليم المتعلمين عليها إلى أن يتم إتقان الحركات كافة التي تتطلبها، ومن ثم الانتقال إلى الفعالية الثانية وهكذا .

إن الوقت الذي يتطلبه تعلم المهارة المعقدة هو أطول بكثير من الوقت المطلوب لتعليم مهارة بسيطة ، هذه الحقيقة يجب أن يدركها المعلم، وإن يعطي أهمية للفروق الفردية بين المتعلمين، أثناء عملية تعلم المهارة المعقدة خاصة.

مراحل تعليم المهارات :

تُعد الطريقة الأدائية أو المشاهدة العملية من الطرق المعتمدة في تعليم المهارات العميلة التي حلت محل أسلوب المحاكاة أو التقليد، وتعني تجزئة العملية التعليمية إلى خطوات أو مراحل، والتحقق من استيعاب المتعلم لكل خطوة من

خطوات الأداء قبل الانتقال إلى الخطوة التي تليها . وفيما يأتي الخطوات المتبعة في الطريقة الأدائية في تعليم المهارات.

أولاً : الإعداد والتحضير

وتتمثل هذه المرحلة في دراسة الهدف التعليمي من وجود مهارة أدائية تتطلب إجراء مشاهدة عملية يمكن عرضها خلال مدة زمنية قصيرة، وبالنسبة للمهارات الأساسية التي يمكن إجراء مشاهدة عملية لكل منها خلال مدة زمنية قصيرة، فتفيد عملية دراسة الهدف التعليمي لتحديد المفاهيم المرتبطة بالمهارات العملية الواجب تفسيرها مسبقاً، لمساعدة المتعلم على تفهم خطوات المشاهدة العملية وتتبعها .

ويجب إعداد المتعلم من خلال تهيئته للموقف التعليمي ودراسة المدة الزمنية المخصصة لمجموعة المهارات وهل سيتم تناول المهارات بالتتابع أم أنها ستجزأ لأكثر من حصة واحدة ؟ وهذا يتوقف على مدة عمق وتعقيد المهارة ، فمهارة بسيطة قد لا تستغرق حصة واحدة بينما مهارة أخرى تتطلب عدة حصص (١).

ثانياً : المشاهدة أو التقويم

وتتم في خطوتين:

الأولى : تهيئة المتعلم ويراعي فيها :

١. توزيع جلوس أو وقوف المتعلمين بشكل يؤمن لكل منهم مشاهدة ومتابعة العرض بصورة جيدة .
٢. تأمين إثارة اهتمام المتعلمين بموضوع العرض والمشاهدة وهذا يتطلب إيضاح موضوع المشاهدة وتفسيره وربطه بما يعرفونه سابقاً ، أي جعل المتعلمين يتحسسون الهدف .
٣. تفسير المفاهيم التي تساعد المتعلمين على تفهم وتتبع خطوات المشاهدة .

(١) وهذه الخطوات قد تفيد في تعليم المهارات المهنية ، أنظر طرق تدريس والتدريب المهني ، ص (١١٧)

الثانية : عرض المهارة ويتم فيها

١. قيام المعلم بإجراء المشاهدة ببطء لإتاحة الفرصة للمتعلمين للتعرف وملاحظة النقاط الأساسية للأداء .

٢. القيام بإجراء العملية خطوة خطوة .

٣. القيام في النهاية بإجراء المشاهدة بصورة متكاملة لتخليص عام .

ثالثاً : ممارسة المتعلمين

الممارسة ليست تعلم مهارة جديدة، وإنما تعني تكرار الأداء لتحقيق المستوى المطلوب (كماً ونوعاً وزمناً)، كما هو محدد ضمن الهدف التعليمي . ويفضل أن يقوم المعلم بتوزيع الواجبات الأدائية على المتعلمين، وكذلك توزيع بطاقات تعليمية على أفراد المجموعة، لكي تكون الممارسة منظمة وهادفة، وكذلك توزيع بطاقات تعليمية على المتعلمين لكي تكون الدرس منظماً وهادفاً. أما بطاقة العمل فيحدد فيها موضوع الدرس وخطوات ومواصفات المهارة العملية كالآتي :-

١. اسم الدرس .

٢. الغرض أو الأهداف التربوية .

٣. الوسائل التعليمية المستخدمة .

التقويم الأثناني

١. بين الفرق بين المهارات الأدائية والبسيطة والمركبة ؟

٢. أذكر مراحل تعليم المهارات ، " سؤال عام للمتعلمين يشارك المعلم الإجابة فيه إتماماً للفائدة ، مع الشرح " .

٣. كيف يتم عرض المهارة ؟ أشرح ذلك بالتفصيل .

مواصفات المعلم في مرحلة الطفولة

يؤدي المعلم دوراً أساسياً وفاعلاً في بناء شخصية الطفل، بما يتمتع به من قيم وأخلاق حميدة ، وبما يتحلى به من معارف ومعلومات، وبما يتقنه من مهارات، مما يجعل منه أباً مثالياً (أو أماً مثالية) ومربياً قديراً ومعلماً جديراً . إذن يجب أن يتحلى المعلم بأخلاق حميدة كريمة ويكون على قدر من العلم والثقافة واللباقة تمكنه من إشباع حب الفضول عند الطفل ليكون قدوته .

وتعد مهمة التعليم في مراحل الطفولة ذات مسؤولية كبيرة تمكن المعلم من القيام بدوره على أكمل وجه، وتنفيذ مهماته التعليمية، والقيام بمسؤولياته بفاعلية. لذلك فإنه بحاجة إلى العديد من الكفايات الأساسية في المجالات العقلية المعرفية والجسدية والحركية والانفعالية (الوجدانية) .

إن معلم المراحل الأولى للتعليم (مراحل الطفولة) يجب أن يتحلى بالصفات التالية :-

١. أن تكون لديه رغبة حقيقية للعمل في تلك المراحل .
٢. أن يتمتع بالاتزان الانفعالي .
٣. أن يكون لديه القدرة على إقامة علاقات اجتماعية إيجابية مع الأطفال والكبار .
٤. أن يكون سليم الجسد والحواس وأن يكون خالٍ من العيوب الجسمية التي قد لا تساعده في إقامة علاقات الحب والاحترام مع الأطفال .
٥. أن تكون لغته سليمة ولا يعاني من مشاكل النطق .
٦. أن يتحلى بالأخلاق ليكون مثالاً يُحتذى به .

الدور التربوي للمعلم في مرحلة الطفولة

يؤدي المعلم دوراً تربوياً يتمثل فيما يأتي:

١. اقتناعه بأهمية مرحلة الطفولة وأثرها في نمو شخصية الفرد .

٢. تأكيد دوره التربوي المهم الذي يؤديه وإظهار تخصصه للقيام بمهمات هذا الدور .

٣. سعيه لتطوير ذاته ورفع كفاءته وتوسيع دائرة خبرته بالمجالات المختلفة.

٤. إيمانه بأهمية التعاون والعمل الجماعي.

٥. إيمانه بدوره كقدوة حسنة .

٦. احترام أخلاقيات مهنته واعتزازه بالانتماء إليها .

٧. اهتمامه بقضايا المجتمع وتوظيفها في عمله مع الأطفال .

٨. أن يكون حلقة وصل بين الأطفال وبين المجتمع .

٩. اهتمامه بالوضع البيئي للأطفال من أجل تحقيق الاستمرارية والتكامل في خبرته .

١٠. أن يعمل على تطوير الخبرات المدرسية لإيصالها وتوظيفها في أسر الأطفال من أجل إثراء العمليـة التربوية.

كفايات المعلم في مراحل الطفولة

يرتبط مفهوم الكفاية في هذه المرحلة بما يأتي :-

١. أدوار ومهام المعلم .

٢. أداء المعلم .

٣. المعلومات والقيم التي يتحلى بها المعلم في عمله .

٤. المهارات اللازمة لعمله .

٥. الغايات التي يسعى إلى تحقيقها .

وتقسم الكفايات المطلوبة بموجب ذلك إلى :-

١. كفايات التخطيط والإعداد قبل التدريس .

٢. كفايات الأداء وهي ما يتم خلال العملية التعليمية .

٣. كفايات التقويم التي ترتبط بقدرة المعلم على حكمه على نتائج المواقف التعليمية ومدى تحقيق الأهداف التي يعمل لأجلها .

كفايات التخطيط لمرحلة الطفولة

تتمثل كفايات التخطيط في مرحلة الطفولة بما يأتي:

١. تجميع البيانات اللازمة عن الأطفال الذين يقوم بتعليمهم والتي تساعده على تخطيط البرامج التعليمية لهم .

٢. اختيار الأهداف اللازمة المناسبة للمرحلة والظرف الاجتماعي والاقتصادي المتوفر في المدرسة .

٣. تحديد المصادر المتنوعة التي يستفيد منها عند التخطيط .

٤. تنوع البرامج (النشاطات وغيرها) التي يخطط لها حيث يتم بعضها داخل الصف والآخر خارجه وتحديدها .

٥. أن يصوغ الأهداف السلوكية لطلبته .

٦. اختيار الوسائل التعليمية المناسبة لدروسه .

٧. تحديد أساليب التقويم التي يستخدمها .

كفايات الإعداد

تتضمن كفايات الاعداد ما يأتي:

١. تهيئة البيئة التربوية الملائمة لنمو الأطفال لإتاحة الفرصة لإظهار مواهبهم.

٢. تهيئة الوسائل التعليمية المساعدة لتنفيذ برامجه اليومية داخل الصف وخارجه .

كفايات تنفيذ البرامج للمرحلة

تتضمن كفايات تنفيذ البرامج بما يأتي:

١. إثارة دافعية الأطفال للنشاط والمشاركة في تنفيذ البرامج .

٢. تنوع الأنشطة .

٣. استخدام أسلوب التعزيز الفوري المستمر .

٤. مراعاة الفروق الفردية .

٥. عدم استخدام التخويف التي تُسيء إلى نمو شخصية الطفل.

٦. استخدام اللغة المناسبة للمرحلة.

٧. الاهتمام بالأمثلة والتشبيهات التراثية التربوية.

٨. الاهتمام بتعبير الطلبة (الأطفال) عن أنفسهم ومعرفة دوافعهم ورغباتهم .

٩. استعمال أسلوب الإرشاد في ممارسة النشاطات الطلابية .

١٠. الاهتمام بتنمية العادات الحسنة عند الأطفال.

١١. الاهتمام بتشجيع الأطفال على تكوين علاقات اجتماعية سليمة مع أقرانهم ومع الكبار .

١٢. مساعدة الأطفال على تنمية ميولهم الشخصية النافعة .

١٣. مساعدة الطلبة على القدرة على حل المشكلات.

١٤. مساعدتهم على القدرة على الابتكار.

١٥. أن يكون قادراً على تنفيذ النشاطات التي تنمي المهارات لدى الطلبة .

١٦. ملاحظة الطلبة أثناء النشاطات والتدخل فيها عند الحاجة لغرض المساعدة.

١٧. مساعدة الطلبة في تنفيذ البرنامج في الجوانب التي تتفق مع مراحلهم العمرية .

١٨. مساعد الطلبة الأطفال على اتخاذ القرارات في المناسبات المختلفة .

١٩. القدرة على ربط المفاهيم المستجدة والمفاهيم السابقة عند الطلبة.

٢٠. تشجيع الطلبة على الرجوع إلى كتبهم المدرسية والمصادر التي تتفق وفئاتهم العمرية .

٢١. إتاحة الفرصة للأخذ بمفاهيم التعلم الذاتي وإتاحة الفرصة لهم للقيام بذلك تحت إشرافه .

٢٢. الاهتمام بنظافة البيئة المحيطة بالطلبة الأطفال .

٢٣. استخدام المرونة في التخطيط الذي وضعه لتنفيذ ذلك .

الكفايات اللازمة لإدارة العملية التعليمية الخاصة بالمرحلة والتفاعل معها:

١. استخدام الأسلوب الديمقراطي في التعامل مع الطلبة الصغار .

٢. القدرة على توزيع المسؤوليات بين الطلبة الصغار بما يتماشى مع قدراتهم واستعداداتهم .

٣. القدرة على التوجيه البناء في المواقف المختلفة سواء أكان التوجيه فردياً أو جماعياً .

٤. المساعدة على حل المشكلات ذاتياً وحسن التصرف في المواقف المختلفة.

٥. تأكيد روح التعاون بين الطلبة الصغار.

٦. الابتعاد عن المساس بحرية الآخرين عند ترك الطلبة الصغار يمارسون حرياتهم الفردية .

٧. حسن استخدام الإمكانات المتاحة للمعلم في هذا المجال .

٨. تكوين علاقات طيبة مع الطلبة الصغار وأولياء أمورهم إن أمكن .

٩. الاهتمام بمشاكل الطلبة الصغار والاستماع لهم والمحافظة على مشاعرهم.

١٠. عدم الإكثار من الأوامر والنواهي الموجهة للطلبة إلا عند الحاجة.

١١. عدم الامتعاض من حدوث الأخطاء والمساعدة على تصحيحها .

١٢. أن تكون توجيهات المعلم في صيغة محببة وليست في شكل أوامر .

١٣. إقامة علاقات فردية مع كل طالب صغير على حدة دون تفرقة ومراعاة المساواة في التعامل معهم.

الكفايات اللازمة للنمو المهني للمعلم

١. الاستفادة من خبرات الآخرين (الزملاء).

٢. الاستفادة من خبرات المديرين .

٣. تعلم المهارات المعززة للعمل مع الطلبة الصغار .

٤. الاستفادة من الخبرات التربوية السابقة والمستجدة عن طريق المتابعة الشخصية .

كفايات التقويم

١. تقويم البرنامج المخطط من خلال سلوكات الطلبة الصغار ومعلوماتهم ومهاراتهم (السابقة والمكتسبة).

٢. التقويم الذاتي للنفس والأهداف والأنشطة وطرق تفاعل كل ذلك مع الطلبة الصغار .

٣. معالجة نقاط الضعف التي تكتشف في عملية التقويم وتدعيم نواحي القوة.

٤. الوقوف على النواحي الإيجابية والسلبية في عملية التقويم والمساعدة في تدعيم الإيجابية منها .

التقويم الأثنائي

1. ما هي مواصفات المعلم في مرحلة الطفولة ؟ عددها ، " يشارك المعلم المتعلمين في التعداد والشرح " .
2. اذكر الدور التربوي لمعلم التربية الإسلامية في مراحل الطفولة.
3. ما هي كفايات التخطيط لمرحلة الطفولة ؟ مبيناً كفايات الأعداد وكفايات تنفيذ البرامج للمرحلة " يشارك المعلم متعلميه الإجابة الصحيحة إتماماً للفائدة ".
4. أذكر الكفايات اللازمة لإدارة العملية التعليمية الخاصة بكل مرحلة ، وما هي طرق التفاعل معها ؟
5. بين بإيجاز الكفايات اللازمة للنمو المهني للمعلم .
6. ما هي كفايات التقويم ؟ عددها وأشرحها ، " يساعد المعلم متعلميه في الإجابة والشرح إتماماً للفائدة " .

الكفايات التعليمية التي يجب توافرها لدى المعلمين في التعليم الفردي

١. قدرة المعلم على معرفة الفروق الفردية بين المتعلمين ومراعاتها .

٢. القدرة على استخدام وسائل التقويم المختلفة من اختبارات ومقابلات واستبيانات وقوائم الرصد والتقدير.

٣. إتقان المادة الدراسية والتعمق بها .

٤. القدرة على إنتاج الأدوات والمواد التعليمية المطلوبة مثل الشفافيات.

٥. القدرة على استخدام التقنيات التعليمية كالأجهزة والآلات التعليمية .

٦. القدرة على فهم الخصائص النمائية للمتعلمين.

٧. القدرة على العمل في مجموعات مختلفة من الطلبة .

٨. القدرة على استيعاب أسس ومبادئ الإرشاد والتوجيه النفسي والتربوي .

٩. القدرة على الإلمام بدراسات متنوعة في مجال الثقافة العامة لمعرفة الترابط بين مادته والمواد الأخرى .

مهارات التعلم الذاتي

١. مهارات تنظيم الدراسة ومنها عمل الجداول الدراسية وكيفية تنظيم أوقات الدراسة بما يتناسب والتزامات الفرد العملية والأسرية .

٢. مهارات تنظيم الدراسة والقراءة الفاعلة ومنها : تحسين مستوى الفهم والاستيعاب والتركيز والانتباه والقراءة الفاعلة .

٣. الكفايات الكتابة ومهاراتها كالتلخيص وتدوين الملاحظات وكتابة التقارير والمقالات .

٤. مهارات الوصول إلى مصادر التعلم : مثل مهارات استخدام المكتبة ، ومهارات استخدام الوسائل التعليمية المتنوعة المختلفة والتقنيات التربوية الحديثة .

٥. المهارات المتعلقة بالتقويم وتشتمل على معرفة المتعلم لأساليب المراجعة والاستعداد للامتحان وكيفية الإجابة عن الامتحانات بأسئلتها المختلفة، فضلا عن مهارات التقويم الذاتي .

٦. مهارات البحث والتنظيم المستمرة للمعرفة .

٧. مهارات اكتساب التفاعل والتواصل المستمر الذكي [١].

المعلم ومقوماته

أما صفات المعلم فكثيرة منها :-

١. غزارة العلم " في التخصص الذي هو فيه ، وهنا اللغة العربية " ولزاماً على مدرس اللغة العربية أن :-

أ- يلم بالمادة الدراسية التي يقدمها .

ب- يفهم اللغة العربية، ويتمكن من ربط وحداتها ربطاً محكماً .

٢. قوة الشخصية : إن ضعيف الشخصية لا يستطيع أن يتمثل دوره القيادي ليكون قدوة لمتعلميه، إذ إن هيبته جزء من قبول الطالب للمادة المقدمة إليه.

٣. الاتصاف بالصفات الخلقية العالية ليحسن تعامله مع طلابه.

٤. المرونة: فمن ذكاء المعلم المطلوب المرونة في التعامل، وأن تكون نفسيته متفتحة ومنبسطة وغير منطوية ، وأن يكون شغوفاً بالعلم موهوباً باللغة العربية وآدابها ووحداتها المختلفة، إذ إن الموهبة والشغف بموضوع الدرس من صفات المعلم الناجح وأن يكون ساعياً للثقافة العامة ليكون له الإلمام بما حوله من الأمور والثقافات والا يكون عاجزاً عن إدراك الأمور الأخرى، ليستأنس به طلابه ومجتمعه ، وأن تكون له الخبرة والتجربة المستمرة في

(١) صعوبات التعلم ص / ٣٢٩

الحياة ، حتى إذا ما أعطى رأياً ، أعطاه عن خبرته العلمية في اللغة العربية وتجربته فيها .

فهذه الصفات تدفع المعلم الناجح السعيد المستبشر بالغد المشرق ، والحرص على نتائج عمله مع متعلميه أو طلابه. [1]

كفايات معلمي اللغة العربية

أولاً : كفايات معلمي الأدب العربي

أ-   في مجال التخطيط والإعداد للدروس :

١.   أن يستطيع إعداد خطة سنوية يذكر فيها أهداف تدريسه لهذه المادة.

٢.   يحدد الأهداف الخاصة لأسلوب درس الأدب العربي بمستوياته المختلفة.

٣.   يوزع المفردات الأدبية على أشهر السنة الدراسية.

٤.   يذكر استخدام الوسائل التعليمية غير الكتاب والسبورة في تدريس النص.

٥.   يذكر العناصر المتعلقة باستخدام الوسائل التعليمية الخاصة بالدرس.

٦.   استطاعته من وضع المفردات الصعبة ومعانيها ويكتب تراكيب النص ومفرداته موضحاً الترابط بين مفرداته الأدبية.

٧.   أن يتمكن من تدوين الأفكار الأساسية التي يتم بها تقديم الدرس.

٨.   أن يكون قادراً على إعداد خطة لمناقشة ما يصوره النص من ظواهر البيئة الطبيعية والاجتماعية والسياسية .

٩.   أن يكون قادراً على تنظيم الوقت على خطة إعداد الدرس .

(١) طرق تدريس التربية الإسلامية ، د.عابد توفيق الهاشمي ، ص(٢٦-٤٢) (بتصرف)

ب- في مجال التمهيد

١. أن يجيد التحدث بطريقة تمهد للدرس الجديد بإثارة الدافعية وجلب انتباه الطلبة.

٢. أن يكون قادراً على ربط الخبرات السابقة بالدرس الجديد.

٣. أن يكون متمعناً في ربط الدرس بالخبرات السابقة .

٤. أن يجيد التحدث بلغة فصيحة.

ج- في مجال العرض والشرح والتحليل

١. أن يجيد قراءة النص قراءة نموذجية تعبيريه وأن يجيد عرض النص أمام الطلبة.

٢. أن يتمكن من شرح معاني المفردات الصعبة في النص .

٣. أن يستطيع توزيع وقت الدرس بحيث يعطي للطلبة وقتاً مناسباً لقراءة النص قراءة صامتة.

٤. أن يجيد تقسيم النص إلى وحدات فكرية ، وأن يستطيع توضيح معنى الوحدات وتحليلها تحليلاً أدبياً وأن يشرك الطلبة في عملية الشرح والتحليل وأن يستطيع ربط هذه الوحدات بعضها البعض .

٥. أن يقدر أن يحمل الطلبة على إدراك النواحي الجمالية والبلاغية في النص

٦. أن يكون قادراً على تلخيص مواضيع الدرس تلخيصاً مجملاً .

٧. أن يستطيع إيصال الطلبة إلى التعمق في المعنى الضمني للنص .

٨. أن يحمل الطلبة على ترتيب الأفكار الأساسية في النص .

٩. أن يستطيع تبيين أهمية الصورة الأدبية في موضوع الفكرة .

١٠. أن يتمكن من لفت أنظار الطلبة إلى الصور الأدبية في النص وكذلك أهمية اللغة في إبراز تلك الصورة.

١١. أن يتمكن من موازنة المفردات في النص الأدبي لتعرف قوة الكلمة في النص .

١٢. أن يتمكن من جعل الطلبة قادرين على وضع بعض العنوانات الفرعية للأفكار .

د- في مجال الاستنباط

١. يجعل الطلبة يستنبطون ما يصوره النص من الظواهر البيئية أو الاجتماعية أو السياسية

٢. يحمل الطلبة على استنباط الخصائص الفنية للنص .

٣. أن يمكن الطلبة من إصدار الأحكام المناسبة عن الشاعر أو الأديب وعصره.

٤. أن يمكن الطلبة من استنباط مميزات العصر والاتجاهات الأدبية فيه اعتماداً على النص.

٥. أن يكون قادراً على تحديد الواجبات البيتية النافعة والمناسبة للطلبة .

ثانياً : كفايات معلم اللغة العربية لمادة النحو

أ- في مجال العرض والشرح والتحليل

١. أن يستطيع وضع خطة سنوية يذكر فيها أهداف تدريس القواعد.

٢. أن يكون قادراً على وضع خطة يوزع فيها المفردات النحوية على أشهر السنة الدراسية .

٣. أن يبين الهدف أو الأهداف الخاصة لكل موضوع .

٤. أن يذكر الطريقة التي يتبعها في عرض الموضوع .

٥. أن يبني الوسائل التعليمية أي الوسائل المناسبة للدرس .

٦. أن يضع خطوات التدريس .

٧. أن يعرف كيفية التمهيد للدرس .

٨. أن يثبت القاعدة النحوية بشكل واضح .

٩. أن يكون قادراً على ضرب الأمثلة في النصوص التي يستخدمها .

١٠. أن يكون قادراً على تثبيت الأسئلة التي يوجهها إلى الطلبة .

١١. أن يبين كيفية حل التمرينات مع إعطاء نماذج للحل.

١٢. أن يكون قادراً على توزيع الوقت على خطوات الدرس.

ب- في مجال التمهيد

١. أن يتمكن من ربط الموضوع الجديد بالخبرات السابقة .

٢. أن يتمكن من التمهيد بإثارة الدافعية وجلب الانتباه الطلبة .

٣. أن يكون قادراً على التحدث بلغة فصيحة .

٤. أن يربط الدرس الجديد بالدرس القديم .

ج- في مجال العرض

١. استطاعته تبين إثارة موقف معين يساعد الطلبة على التوصل إلى الأمثلة الصحيحة .

٢. أن يمكن الطلبة من ضرب الأمثلة على منوال الأمثلة السابقة .

٣. أن يستطيع التركيز على المفردات موضوعة الدرس وربطها بالأمثلة السابقة .

٤. أن يكون قادراً على إعراب الكلمات والجمل التي يستخدمها .

٥. أن يستطيع أن يجعل الطلبة قادرين على إعراب الجمل الواردة في النص .

٦. أن يستخدم وسائل الإيضاح المناسبة.

٧. أن يدون القواعد النحوية التي يتوصل إليها على السبورة أو في وسائل الإيضاح الاخرى.

٨. أن يستطيع أن يلخص الموضوع تلخيصاً سبورياً .

٩. أن يستطيع أن يحلل القاعدة النحوية إلى عناصرها الأساسية.

١٠. أن يتمكن من تحليل القيم والأفكار التي يتضمنها النص .

د- في مجال التطبيق وحل التمرينات

١. أن يستطيع وضع أسئلة حول القاعدة لإعطاء أمثلة صحيحة .

٢. أن يستطيع حل فقرات التمرين .

٣. أن يستطيع تحديد الواجبات البيتية للطلبة وأن يكون قادراً على متابعتها وتصحيحها [1].

(١) راجع تقويم الأداء لمعلمي أدب الأطفال والقواعد النحوية في ضوء الكفايات التعليمية ص / ١٠٧-١١١ (بتصرف)

أسئلة تقويمية

ضع (√) أو (X) أمام كل من :-

١. الكفاية : هي امتلاك المعلومات والمهارات والقدرات، وهي القدرة على أداء سلوك ما ( )

٢. الكفاءة : هي إظهار المهارة بشكل يمكن قياسه ( )

٣. أن طريقة تخمين الكفاءات اللازمة هي مصدر من مصادر اشتقاق الكفاءات ( )

٤. غالباً ما يتعذر وضع حـد فاصل بين المهارات الأدائية والمعارف النظرية المرافقة في العملية التعليمية ( )

٥. إن سلامة الجسم والحواس ليست من مواصفات المعلم في مرحلة الطفولة، وكذلك فإنه ليس من الواجب أن يكون خالياً من العيوب ( )

٦. إن استخدام الأسلوب الديمقراطي في التعامل مع الطلبة الصغار ليست بالضرورة كفاية لازمة لادارة العملية التعليمية الخاصة بمرحلة الطفولة والتفاعل معها ( )

٧. إن قدرة المعلم على معرفة الفروق الفردية بين المتعلمين ومراعاتها تعد من الكفايات التعليمية في مراحل التعليم الفردي ( )

٨. لا تعد مهارات اكتساب التفاعل والتواصل المثمر الذكي من مهارات التعلم الذاتي ( )

٩. غزارة العلم ليست من مواصفات المعلم أو مقوماته ( )

١٠. إثارة الدافعية ليست من كفايات معلم الأدب العربي في مرحلة التمهيد ( )

١١. من كفايات معلم اللغة العربية لمادة النحو أن يستطيع وضع خطة سنوية يذكر فيها أهداف تدريس القواعد ( )

الوحدة الثامنة

أساليب تدريس اللغة العربية

القراءة

١. مفهومها

الغرض الأساسي من القراءة هو أن يفهم المتعلمون ما يقرؤون يتبع ذلك اكتساب المعرفة .

وعن طريق القراءة يحقق المتعلم جملة أمور منها :-

١. التلذذ بثمرات العقول " التي قامت بكتابة ما يقرأون " .

٢. تعويد المتعلمين إجادة النطق .

٣. تعريفهم بحسن التحدث .

٤. تدريبهم على روعة الإلقاء .

٥. تنمية ملكة النقد والحكم .

٦. تنمية قدرة التمييز بين الصحيح وغير الصحيح .

لذلك فالقراءة عمل فكري . قد تطورت عبر مراحل منها :-

أ- سلامة الأداء حين كان مفهومها محصوراً في دائرة ضعيفة تحدد بالإدراك البصري للرمز المكتوب .
والتعريف به ونطقه.

ب- ترجمة تلك الرموز إلى دلالات فكرية . أي أن القراءة صارت عملية ترمي إلى الفهم .

ج- التفاعل الحاصل بين القارئ والمقروء . بحيث يجعل القارئ راضٍ أو ساخط أو معجب أو متعجب
، ومسرور أو حزين أو غير ذلك .

د- استخدام القراءة في حل المشكلات . أي أن ينتفع القارئ بها في مواقفه العامة.

٢. أهميتها

تفوق القراءة كل الوسائل المتيسرة في الوقت الحاضر . المسموعة والمرئية (من إذاعة وتلفاز
وغيرها) ، كما أنها الأداة التي يستخدمها في نقل الأفكار سواء

في الرسائل أو التأليف أو في استخدام الوسائل التعليمية أو وسائل الاتصالات الحديثة (الكمبيوتر أو الحاسوب ، والانترنت) وقراءة ترجمة الأفلام السينمائية .

يتم عن طريق القراءة اتصال الأفراد وإن تباعدت المسافات بينهم ، فلولا القراءة ، لكان الاتصال بالمستجدات معدوماً ولا تتحدد العلاقات البشرية بدونها، حيث تكون بيئة الإنسان " الأمي " محدودة قطعاً .

وإذا توفرت الرغبة في التعلم ، فلا بد من القراءة ، إذ هي المفتاح الذي يلج المرء من أبوابه إلى كل مجالات العلم ، ويفشل " الأمي " قطعاً في الوصول إليها، ويصبح فاشلاً في حياته الخاصة أيضاً .

ومن الناحية الاقتصادية ، فليس هنالك من جهد مادي كبير لتعلم القراءة ، وتتعدى الجهد المادي إلى الجهد المعنوي ، فهي أقل وسيلة للحصول على المعرفة، وهي الأساس الذي يقرب المرء من الصحة ويبعده عن الخطأ .

أما المجتمع فوسيلة نهوضه ووحدته ، هي القراءة ، حيث هي مفتاح وصول الصحف إلى كل إنسان وكذلك الوسائل الإعلامية المختلفة ، وهي التي تعرفنا بالكتب واللوائح العامة وتقديم الإرشادات والتعليمات وغيرها أي أن القراءة هي الوسيلة لفهم ومعرفة كل ذلك .

إن القراءة هي الاداة الفعالة لتقارب الناس وتبث روح التفاهم فيها بينهم ، أي تساعدهم على الوحدة الاجتماعية ، فإذا ساد الجهل بالقراءة فمن سيرعى شؤون الناس ؟ وكيف يتم ذلك في مختلف القطاعات والدوائر الرسمية وغير الرسمية ؟ ويمكن أن يحس المرء بأهميتها، حين يرى ماكينة المجتمع تدور في كل مكان ، فهي أشبه ما تكون بالتيار الكهربائي أو أنابيب المياه التي تصل إلى كل بيت وإلى كل مرفق ، لتسير الحياة بها طبيعة ومنتجة .

٣.   أهداف القراءة

إن لدرس القراءة أهداف كثيرة يمكن أن نذكر منها :-

أ-   إجادة النطق .

ب- كسب المهارات في القراءة المختلفة [١].

ج- حسن الأداء .

د-استيعاب المعنى وتمثيله.

هـ-الكسب اللغوي ، كتنمية ثروة المفردات والاستطاعة على معرفة التراكيب الجديدة .

و-فهم أغراض المادة المقروءة .

ز-التدريب على التعبير الجيد الصحيح .

ح- تنمية ميل الطالب إلى القراءة الجادة .

الضعف في القراءة

إن المطلوب من المعلم أن يحقق أهداف القراءة الجيدة عند تلاميذه، إلا أن بعضهم يخفق في ذلك فتكون قراءته ضعيفة ، وللضعف أسباب كثيرة منها :-

أ. إهمال نمو الطالب القراءة في المراحل الأولى للدراسة.

ب. الحالات المرضية التي تنتاب طلاب تلك المراحل فتعيق تعلمهم .

ج. الانتقال من مدرسة إلى أخرى أو من مكان إلى آخر .

د. المعاملة السيئة التي يتعامل المعلم مع تلامذته .

ه. الجو السيئ الذي يعيش به (البيئة).

و. المشاكل النفسية التي تنتاب التلميذ والتي تشكل حاجزاً بينه وبين نموه القرائي.

ز. تأخر نضج الطالب .

ح. ضعف حاستي البصر أو السمع .

---

(١) مهارات القراءة ، السرعة ، الاستقلال في القراءة ، القدرة على فهم المعنى ، القدرة على الوقف عند اكتمال المعنى ، الاستطاعة على رد المادة المقروءة إلى الأفكار الأساسية ، صياغة العناوين الجانبية للفقرات .

ط.   طريقة التدريس الضعيفة .

ي.   ميل التلاميذ للعبث وقلة انتباههم للدرس .

معالجة الأخطاء أو معالجة الضعف في القراءة

يقوم المعلم بمعالجة الضعف في القراءة أو أخطائها بما يأتي :-

١.   تدريب الطلبة على نطق الحروف تدريباً جيداً وتدريبهم على قراءتها.

٢.   تعريف المعلم بالقواعد الصحيحة لنطق الحرف لتقليل الأخطاء .

٣.   تعريف المعلم بمعاني الكلمات لتقليل الخطأ في نطقها.

٤.   عدم مقاطعة التلاميذ أثناء قراءتهم وأخطائهم ، وإنما الانتظار لتقويم أخطائهم بعد انتهاء القراءة

٥.   الشرح الكافي للكلمات وإعطاء معانيها الحسية والمعنوية والمجازية وغير ذلك .

أشهر طرق تعليم القراءة

لكل مرحلة من المراحل الدراسية طرقها ، فهنالك طرق يمكن استخدامها في التعليم الأساسي الأولي ، وطرق يمكن أن تستخدم في التعليم الأساسي المتقدم ، وكذلك في المراحل الثانوية . وسنتناول بشيء من الإيجاز القراءة في كل مرحلة من المراحل مع مقابلة أسماء المرحلة بما يماثلها في كثير من البلدان العربية .

أولاً : الطرق لتعليم القراءة للمرحلة الأساسية الأولى (السنة الأولى)

وطلاب هذه المرحلة صغار الأعمار ، أطفال يبتدئون حياة التعلم ، ربما يكونون في السادسة أو أكبر بقليل من أعمارهم وتعليمهم القراءة أمر صعب ، إذ إن هذه الصعوبة تحتم على المعلمين جهداً أكبر من الجهد الذي يقدمه المعلمون في المراحل المتقدمة، وأشهر الطرق التي يمكن إتباعها مع هذه الأعمار هي :-

أ-   ١:- تعليم الحروف .

ب- ٢:- التدرج منها إلى الكلمات .

ج- ٣:- التدرج منها إلى الجمل .

ويعني جلب انتباه التلاميذ الصغار إلى الحروف وأصواتها ، والتدرج منها إلى نطق الكلمات التي تتكون من حروف قليلة (كالكلمات المتألفة من حرفين فأكثر مثل : أب ، أم ، أخ ،... الخ) .

وقد تكون هذه الطريقة (أبجدية) ، وقد تكون (صوتية). أما الأبجدية فهي تعليم الحروف الهجائية التي يتعلم فيها الصغار أسماء الحروف ورموزها، ومنها ينتقلون إلى تكوين (الكلمة) وهي طريقة سهلة ، يكون التدرج فيها أمراً سهلاً أيضاً ، ويمكن للطلبة النطق بسهولة بالكلمات المعروضة عليهم إن لم تخرج عن الحروف التي يتعلمونها ، إذ تشكل هذه الطريقة مفتاحاً للقراءة .

أما الطريقة الثانية فهي (الصوتية)، وفيها يعلم الصغار الحروف أيضاً ، إلا أنها تقدمها بالصوت لا بالاسم ، فلا تقدم (الدال) مثلاً إلا على أساس الصوت (د)، ويقوم الأطفال بالتدرج بأصوات الحروف حتى يتمكنوا من وصلها للنطق بالكلمة . ويمكن للمعلم أن يعرض على طلابه صورة لشيء ما يبدأ اسمه بطبيعة الحال بأي حرف ، فيركز معهم على تعليم نطق الحرف ، ويمرنهم بعد ذلك على كتابته ، ويمكن تمرين الطلبة الصغار على صنع الحرف من الورق الملون أو من الصلصال، أو من أية وسيلة أخرى، وكذلك بقية الحروف التي تتكون منها تلك الصورة، فيتعلم النطق بها بصورة منفصلة ثم يحاول أن يجمعها شيئاً فشيئاً ليتمكن من النطق بها بصورة مجتمعة. ويفضل أن يقوم المعلم بالتدرج معهم بتعليمهم الكلمات التي تكون حروفها منفصلة عن بعضها مثل : درس ، زرع ، ثم ينتقل إلى الكلمات التي يتصل بعضها فقط مثل : عرف ، قرأ ، ففيها حرفان متصلان وآخر منفصل، ثم ينتقل بعد ذلك إلى الكلمات ، وهذه كلها مشكلة بالفتحة ، فإنه يُمرنهم على نطقها فترة ثم ينتقل إلى كلمات أخرى تشكل بغير الفتحة ، لتعليمهم النطق .

أما عيوب الطريقة الأبجدية فإنها :-

أ- تبعث الملل عند المتعلمين الصغار لترديدهم وحفظهم أشياء لا تعني شيئاً عندهم فيقل بذلك نشاطهم وشوقهم للتعلم .

ب- أنها تعلم الصغار النطق والتهجي ، والأصل هو الفهم وتعلم الطفل الحديث عن حرف لا معنى له عوضاً عن الكلمات ذات المعنى .

ج- أنها تدفع العين لرؤية الجزء قبل أن ترى الكل ، بينما تنعكس الأمور مع هذه الطريقة .

د-حيث أن أسماء الحروف لا تتشابه مع أصواتها فإنها تضيّع أو تضلل المتعلم (الطفل) فيتعلم عن طريقها قراءة بطيئة .

وعندما تكون الطريقة الصوتية بطيئة في القراءة والتهجي وفقدان المعنى فأنها تفقد معناها حين:-

أ- يتعلم الطفل مد الحروف دائماً وتعذر النطق بحرف المد منفرداً .

ب- تعذر البدء بحرف ساكن .

ج- أن اللام الشمسية لا تنطق .

وبذلك يكون تعلم الطفل لهذه القراءة مهدماً لوحدة الكلمة حيث تعتمد على المقاطع كلياً والكلمات في بعض الأحيان تكتب مقسمة إلى مقاطع .

الطريقة التحليلية

وعلى عكس الطريقة التركيبية فإن هذه الكلمة تبدأ بالكلمة، وتنتقل منها إلى الجزء ، إذ إن الطفل يعرف الكثير من الأشياء والأسماء قبل أن يتعلم القراءة ، فيمكن أن تعرض عليه الكلمات التي يعرفها ، فيكون تعليمه إياها بالصوت والصورة ومنها ينتقل إلى أجزاء الكلمة " الحروف " ليتعلم كيف يتهجاها ويكتبها .

إن هذه الطريقة تعتمد على أساس النظر والنطق (انظر وقل) وهي نوعان: طريقة الكلمة وطريقة الجملة .

أما طريقة الكلمة فينظر الطفل فيها إلى الكلمة حين ينطقها المعلم، ويكون نطقها بروية ووضوح، ويطلب منه أن يقلد ذلك مرات ومرات .

ويقوم المعلم بإرشاد الطفل إلى تحليل الكلمة والتثبت من صورتها وتكرار ذلك مع الكلمات الأخرى ، وكم يكون مفيداً لو اقترنت الكلمة بصور لها فعلية، على أن تراعي فيها ما يأتي ليتمكن أن ينطق بها فور رؤيتها :-

١.   التكرار الكثير للكلمة حتى تثبت في الذهن .

٢.   تكرر الحروف فيها ليسهل عليه تحليل الكلمة إلى حروف .

٣.   فإذا كانت هنالك صور لها ، يستغني عنها قليلاً قليلاً لتثبت الكلمة في ذهن المتعلم الطفل دون صورة ولتمييز حروفها .

وهناك عدة ميزات لهذه الطريقة منها :-

١.   الطفل يكسب فيها ثروة لفظية يستطيع أن يكون بها جملاً في وقت محدود .

٢.   تعلم الطفل الرموز والألفاظ والمعاني معاً .

٣.   تساعد الطفل على سرعة القراءة .

٤.   تساعدهم على تعلم معنى الكلمة في القراءة .

٥.   تعود الطلبة الأطفال على متابعة المعنى وفهمه أثناء القراءة .

أما الطريقة التحليلية فهي طريقة تسمى (الجملة)، وهي تطوير لطريقة الكلمة السالف ذكرها ، وفيها يقوم المعلم بإعداد جمل قصيرة مما يستطيع الطفل فهمه، يكتبها على السبورة، وفيها يقوم بقراءة كل جملة ويكررها بعده الأطفال، سواء بطريق جماعي أم فردي ولعدة مرات . ويقوم المعلم بإرشاد الطلبة إلى تحليل كل جملة إلى كلمات وإلى حروف ، واستخدام صور الكلمات إن أمكن .

ومن مزايا هذه الطريقة :

أ-   أنها تبدأ بالوحدات المعنوية التي تمد المتعلمين بثروة فكرية ولفظية .

ب- الطفل فيها يفهم معنى الكلمات دون إبطاء وتخمين نظراً لاستخدام الكلمات في جمل يفهمها .

ج- وقد ثبت أن هذه الطريقة تشوق المتعلمين إلى القراءة وتعويدهم الفهم والمتابعة .

أما عيوب الطريقتين فهي كالآتي :-

أ- في طريقة الكلمة

١. أنها لا تساعد المتعلم الطفل على تمييز كلمات جديدة غير معروضة عليه.

٢. أن الدرس يؤخر مرحلة تحليل الكلمات إلى حروف ، فيضيع ركن من أركان القراءة.

ب- وفي طريقة الجملة

١. استرسال المعلم في ذكر الجمل فتتأخر عملية التحليل إلى كلمات، ومن ثم إلى حروف .

٢. يؤدي ذلك إلى تأخر وسيلة إعانة الأطفال على القدرة على معرفة الكلمات الجديدة .

٣. إن استيعاب الجملة دفعة واحدة من قبل طالب في بداية المرحلة التأسيسية صعب جداً، وربما تحتاج إلى وسائل لتحقيق ذلك ، لكن المعلم لا يملك تلك الوسائل .

الطريقة المزدوجة (التركيبية التحليلية)

طريقة تتوفر فيها مزايا الطريقتين السابقتين وتتجنب عيوبهما ، وهي أفضل من الطريقتين منفردتين في تعلم القراءة للمراحل الأولى التأسيسية .

أما أهم عناصر هذه الطريقة فهي :-

١. تقديم وحدات كاملة للقراءة للطفل ، وهي كلمات ذات معنى (تنتفع بطريقة الكلمة) .

٢. تقديم جمل سهلة تتكرر فيها الكلمات (تنتفع بطريقة الجملة) .

٣. تعني بتحليل الكلمات تحليلاً صوتياً لتمييز أصوات الحروف ورموزها (تنتفع بالطريقة الصوتية).

٤. تتجه إلى معرفة الحروف الهجائية إسماً ورسماً (تنتفع بالطريقة الأبجدية).

ومن مزايا هذه الطريقة :-

أ- أنها تبدأ بالكلمات القصيرة المستعملة في حياة الأطفال ويعبرون بها عن حاجاتهم .

ب- استعمال الصور الملونة والنماذج التصنيعية للحروف ، ومن خلالها يتوفر التشويق المحبب لعملية قراءة الأطفال.

مراحل تعلم القراءة بالطريقة المزدوجة

تمر الطريقة المزدوجة بمراحل أربع وهي :-

١. مرحلة التهيؤ للقراءة .

٢. مرحلة التعريف بالكلمات والجمل .

٣. مرحلة التركيب .

ولا تتم تنمية قدرات الطفل على القراءة إلا بالمرور بهذه المراحل الثلاث :-

ففي مرحلة التهيؤ للقراءة

أ- تعود الأطفال على قدرات معرفة الأصوات وتقليدها ومعرفة فوارقها .

ب- تزيد في إتقان الأطفال اللغة استماعاً وأداءً .

ج- تزيد في إتقان الأطفال بالألفاظ والمعاني .

د-تدريب الأطفال على معرفة صور الأشياء .

هـ-تعويد الأطفال على إدراك العلاقات بين الأشياء .

و-أما بالنسبة للمعلم فتزيد من قدرته على معرفة ما يدور في السنة الأطفال من معانٍ وألفاظ لغرض أن ينتفع بها في اختيار المفردات التي يستخدمها في هذه المرحلة ، ويمكنه أن يستخدم وسائل صوتية أو لغوية لإتمام الفائدة وتحقيق

الهدف ، ففي التهيئة الصوتية يطلب منهم أن يلفظوا الكلمات، والإتيان بـأخرى عـلى نمطهـا أو تقليد الأصوات التي يختارها لهم . وفي التهيئة اللغوية بإمكان المعلم أن يطلب مـن الطـلاب أن يـذكروا أسـماء الأشياء التي يرونها من حولهم، كذلك أسماء الأشخاص من معارفهم أو أية أسـماء يختارهـا لهـم ، ويقـرر المختصون لهذه المرحلة ثلاثة أسابيع كحد أدنى .

أما مرحلة التعريف بالكلمات والجمل.

فهي المرحلة التي يربط الأطفال رموز الحروف المكتوبة مع الأصوات المنطوقة ومن خطواتها :-

أ- استخدام ألفاظ سهلة بصورة جماعية أو فردية.

ب- التدريب على نطقها بصورة جماعية أو فردية بعد أن ينطقها المدرس لهم مرات.

ج- تكوين جمل من الكلمات المستخدمة مع إضافة كلمات جديـدة لهـا مـن عنـده وتدريبهم عـلى نطقها .

د-استخدام السبورة أو لوحـات أخـرى لزيـادة تـدريبهم وتثبيـت معرفتهـم بهـا ، واستخدام التحليـل والتجريد كخطوات لها.

والتحليل هو تجزأة الجملة إلى كلمات والكلمات إلى أصوات. والتجريد هـو اقتطاع صـوت الحـرف المكرر في عدة كلمات والنطق بها منفرداً والهدف منها أن يدرك الطفل أن الكلمة والجملة تتكون مـن أجزاء وأن الأجزاء تختلف بالنطق والرسم، لذلك يقوم بتجزأتها إلى عناصرها .

وتتم هذه الإجراءات بعد تعرف الطلبـة الأطفـال إلى جملـة مـن الكلـمات والجمـل وبعـد أن يـتم الاطمئنان على تمييزهم للكلمات وأصوات الحروف ، كذلك معرفة أجزائها .

وفي هذه المرحلة يكون الأطفال أكثر استعداداً للكتابة في المرحلة السابقة .

أما مرحلة التركيب :-

وهي مرحلة تعد آخر مراحل الطريقة المزدوجة وترتبط بالتحليل والتجريد ، الغرض منها تدريب المتعلمين على استخدام كل ما مر عليهم من كلمات وأصوات وحروف في بناء كلمات وجمل . فإذا ما تم تحليل الجملة إلى كلمات ، أعيد تكوين الجملة من كلماتها ، أو تأليف جمل جديدة من نفس الكلمات ، وكذلك الكلمات التي تجرد إلى حروف يتم تنظيم كلمات جديدة من حروفها ، وهكذا .

ثانياً : تعليم القراءة في مرحلة التعليم الأساسي الاولي (السنة الثانية)

تستخدم في هذه المرحلة أنواع من القراءات هي :-

١. القراءة الصامتة .

٢. القراءة الجهرية .

٣. قراءة الاستماع .

وتسبق هذه الطرق الإكثار من تدريب الطلبة الأطفال ما سبق تعلمه في السنة الاولى من التعرف بالكلمات والجمل وتجريد الحروف وتدريبهم على الصعوبات الهجائية الجديدة كاحرف المد الثلاثة والتنوين مع الحركات الثلاث واللام الشمسية والقمرية وكذلك المد والشدّ والتاء المفتوحة والتاء المربوطة . المهم بالنسبة للمعلم معرفة طريقة تأليف الكتب المقرر في المدارس الأساسية للانتفاع بها وحسن استخدامها .

أما القراءة الصامتة :-

فهي رؤية الكلمات بالعينين ، دون أصوات ولا تحريك لسان وتهدف إلى :-

أ- تنمية الرغبة في القراءة .

ب- تنمية التذوق في القراءة والإحساس بالجمال .

ج- تنمية القدرة على فهم الكلمات والجمل .

د-تنمية القدرة على المطالعة وزيادة القدرة القرآئية.

هـ-زيادة ثروة الألفاظ والتنمية الفكرية واللغوية .

و-التعليم على حفظ ما يستحق حفظه من الآداب .

أما مزاياها فهي :-

أ-   تحقق المتعة .

ب- تكسب المعرفة .

ج- أسرع من القراءة الجهرية.

د- تتيح الانتباه لما هو مقروء وحصر الذهن لفهمه .

هـ- تعويد الطالب على الاستقلال في القراءة .

و- تعويد الطالب على الاعتماد على نفسه في القراءة والفهم.

ز- تحرر من ثقل النطق والشكل والإعراب .

الوسائل المستخدمة في القراءة الصامتة:

١.   تقرأ قبل القراءة الجهرية .

٢.   تستخدم أسئلة لاستثارتهم على القراءة الصامتة.

٣.   اتباع أسلوب المكافأة في سرعة الالتقاط والفهم.

٤.   القراءات الخارجية ومناقشاتها بعدئذ.

٥.   ولغرض التعويد على القراءة الصامتة ، يفضل استخدام البطاقات ومن تلك البطاقات :-

أ-   بطاقة تنفيذ التعليمات.

ب- بطاقة اختيار الإجابة الصحيحة.

ج- بطاقة الإجابة عن سؤال .

د- بطاقة الألغاز .

هـ- بطاقة التكميل .

و- قطعة الاستيعاب .

ورغم ذلك فإن من عيوبها عدم إتاحة فرصة معرفة أخطاء التلاميذ الصغار أو عيوبهم في النطق والأداء ، وأنها لا تهيئ الفرصة للتلاميذ للتدريب على صحة القراءة ولا جودة الإلقاء .

أما في القراءة الجهرية :

فإن التعرف إلى الرموز الكتابية وإدراك المعاني وزيادة التعبير تكون أوفر حظاً من القراءة الصامتة .

أما أغراضها ومزاياها :- فتنحصر بالنقاط الآتية

١. إجادة النطق .

٢. وسيلة للكشف عن أخطاء التلاميذ في النطق لمعالجتها .

٣. وسيلة لإدراك مواطن الجمال والتذوق وتوفر اللذة والاستمتاع .

٤. تشجع الطلبة الصغار على عدم الخجل وتزيد فهم الثقة .

٥. تعود الطالب الصغير للموقف الخطابي ومواجهة الطلبة والمعلم بما يقرأ .

إلا أن من عيوبها أن الطلبة لن يستطيعوا التدريب عليها بالمدة نفسها لعدم اتساع حصة الدرس لها وانشغالهم أثناء قراءة أحدهم بمسائل أخرى (أي عدم التركيز والانتباه) وأنها تؤدي إلى إجهاد المعلم والطالب بالأصوات المرتفعة .

أما فرص التدريب على القراءة الجهرية فكثيرة سواء في النصوص أم النحو أم البلاغة وهناك فرص للتدريب على القراءة الجهرية في غير كتب الفقه العربية أيضاً .

أما قراءة الاستماع :

فتتم بطبيعة الحال بالأذنين ، وهي وسيلة للتلقي والفهم في المراحل الدراسية المتقدمة ، ولها فوائد ومزايا منها :-

أ- التدريب على حسن الإصغاء .

ب- التدريب على حصر الذهن .

ج- التدريب على متابعة الكلام .

د- التدريب على سرعة الفهم .

ه- تساعد على معرفة الفروق الفردية.

و- تكشف عن المواهب .

ز- معرفة مواطن الضعف وعلاجها عند الطلبة .

ح- وسيلة جيدة لتعليم (المكفوفين).

ط- وسيلة جيدة في الدراسات المتقدمة والعليا ، (استماع المحاضرات).

لكنها في الوقت نفسه لا تساعد على فرصة لإجادة النطق وحسن الأداء وأن بعض الطلبة لا يستطيعون مجاراة القارئ أو الاستماع له جيداً فتكون مدعاة لعبث بعضهم وانصرافهم عن الدرس .

تعليم القراءة في المستويات الأخرى :

إذا كان الدرس طويلاً قليلاً ، يقوم المعلم بتجرأته ، وإذا كان قصيراً فتتم قراءته مرة واحدة ويتولى المعلم الطريقة التالية :-

١. التمهيد : وفيها يتم عرض صور أو نماذج أو إلقاء أسئلة تتعلق بالدرس لإثارة انتباه الطلبة وتحفزهم على القراءة .

٢. العرض :

أ. يقوم المعلم بكتابة مادة الدرس والموضوع والتاريخ على السبورة .

ب. يطلب منهم قراءة الدرس قراءة صامتة ، وبإمكانهم أن يشطبوا تحت الكلمات الصعبة بأقلام الرصاص .

ج. يناقشهم المعلم في الأفكار العامة للمادة المقروءة .

د. يشرح لهم المعلم معنى الكلمات الصعبة مستعملاً كل الطرق الإيضاحية، الصور ، الإشارات ، الرسم وغيرها .

هـ يقرأ المعلم لها القطعة قراءة جهرية ، يقرأها فقرة فقرة ثم يعيدها التلاميذ من بعده (تلميذ أو أكثر) ولا يستخدم المعلم أساليب التصحيح للأخطاء .

و. يطلب المعلم بعدها من التلاميذ أن يقرأوا القطعة ويصحح لهم الأخطاء إن حصلت .

ز. يوجه المعلم أسئلة تتناول الموضوع للتقويم (أي تحقق الأهداف).

وفي الصفوف العليا من التعليم الأساسي لا يحتاج المعلم إلى تجزئة الموضوع ، وإنما يقرؤه لهم كاملاً قبل أن يناقشه ، ثم يطلب منهم المعلم أن يصمموا عناوين جانبية تلائم الفقرات التي يقرأونها ، أو يطلب منهم استخراج الأفكار الرئيسية التي تدور في القطعة .

درس نموذجي مفصل لتدريس القراءة في المرحلة الأساسية [1]

الموضوع

الحرية والديمقراطية وحقوق الإنسان في الأردن

الأهداف العامة :-

إن الأهداف العامة من تدريس القراءة هي :-

١. زيادة الثقافة العامة لدى الطالب .
٢. تذوق الطالب للجمال الأدبي.
٣. وقي مستوى التعبير لدى الطالب .
٤. تنمية ملكة النقد لدى الطالب .
٥. المتعة الشخصية .

الأهداف الخاصة :-

الأهداف الخاصة من قراءة هذا الموضوع هي :-

١. معرفة الطالب معاني (الحرية والديمقراطية وحقوق الإنسان).
٢. تعرف ممارسات الحرية والديمقراطية وحقوق الإنسان في الأردن.
٣. تعرف دور كل مواطن في تجسيد مبادئ الحرية والديمقراطية .

---

(١) الدرس من تنظيم الاستاذ الدكتور طه علي حسين الدليمي.

٤. معرفة الطالب بأن كل إنسان مثلما له حقوق وعليه واجبات .

الأهداف السلوكية :-

أ‌- الأهداف المعرفية

تتجسد الأهداف المعرفية بعد قراءة هذا الموضوع بما يأتي :-

١. أن يعرف الطالب معنى الحرية والديمقراطية وحقوق الإنسان .

٢. أن يعرف الطالب كيف يجسد الأردنيون هذه المعاني .

٣. أن يتعرف الطالب أن اجتهاده ونجاحه يعبران عن هذه المعاني تعبيراً صادقاً.

٤. أن يتعرف الطالب واجبات الدولة نحو مواطنيها ، وواجبات المواطن نحو دولته .

ب‌- الأهداف الوجدانية

١. أن يستمتع الطالب وهو يقرأ موضوع الحرية والديمقراطية وحقوق الإنسان.

٢. أن يرغب الطالب في المشاعر بمناقشة هذا الموضوع .

٣. أن يؤمن الطالب بمعاني الحرية والديمقراطية وحقوق الإنسان.

ج‌- الأهداف المهارية (النفسحركية)

١. أن يقرأ الطالب موضوع (الحرية والديمقراطية وحقوق الإنسان).

٢. أن يكتب ملخص لهذا الموضوع .

٣. أن يقص على زملائه قصصاً واقعية حول الموضوع .

خطوات الدرس

١. **التمهيد :**

يقول المعلم : الحرية حلم راود الإنسان منذ الأزل ، ذلك لأن الإنسان ولد حرّاً ، والله سبحانه وتعالى جعله حراً بالفطرة ، ولكن الإنسان هو الذي أوجد القيد لنفسه فطغى بعضهم وسلبوا حريات الآخرين ، وقد ورد في الأثر أن عمر بن الخطاب رضي الله عنه قال : متى استعبدتم الناس وقد ولدتهم أمهاتهم أحرارا ؟

وتكاد تكون الديمقراطية رديفاً للحرية ، فأنت عندما تشترك في صياغة حياتك مع من يديرها ، إنما مارست جزءاً من حريتك ، وتتجسد الديمقراطية في البلدان الديمقراطية والأردن واحد من هذه البلدان في حرية اختيار المواطنين الممثلين في البرلمان أو غيره وتتجسد في مناقشة هذه الأمور تجربة في الصحف أو غيرها .

أما حقوق الإنسان فهي ممارسة الحرية والديمقراطية ، ولعل ذلك أسمى الحقوق لديه ، إذ لا كبت ، ولا ممنوعات ترفع بوجهك هنا وهناك ، ومع ذلك فإن كل شيء لا بد له من ضوابط ، فاحترام القوانين ، واحترام حقوق الآخرين إنما هو النبع الصافي الذي ننهل منه مبادئ الحرية والديمقراطية وحقوق الإنسان .

٢. **قراءة المعلم ألا نموذجية :**

يقرأ المعلم الموضوع الآتي قراءة نموذجية معبرة عن النص

الحرية والديمقراطية وحقوق الإنسان في الأردن.

الأردن بلد أخضر ، تشرق شمسه كل يوم على شعب طيب عامل ، ينتشر أبناؤه كل صباح ، يسعون في دروب الحياة : ففلاح يمضي إلى أرضه ، ومعلم يبكر إلى مدرسته ، وموظف يشتد إلى دائرته ، حتى لا يتأخر عن دوامه ، وراعٍ يسوق أغنامه ، وتاجر يفتح أبواب محله ، يملؤه التفاؤل والأمل في رزق طيب

وكسب حلال ، وتُبعث الحياة كل صباح في مدن الأردن وقُراه ، وسهوله وجباله، وبواديه وحواضره ، فالناس في حركةٍ دائبة ، ونشاط متصل بين ورائح ، وماشٍ وراكب ، وبائع ومشتر ، وزارع وصانع ، كلٌ يمضي إلى غايته ، ويجتهد في كسب رزقه ، يظلهم جمعياً جو من الحرية والأمن والاستقرار .

- سأل معلم في إحدى مدارس محافظة أربد أحد تلاميذه :-
- ما معنى الحرية يا ولدي ؟
- أنطلق التلميذ مجيباً بحماس وثقة : الحرية أن يعمل الإنسان ما يريد ، وأن يقول ما يؤمن به دون قيود أو خوف أو تردد .
- قال المعلم : ولكن ....
- قال التلميذ : نعم يا أستاذي ، ولكن ذلك مشروط بحدود مصلحة الجماعة ، وخير الوطن ، فالحرية أن يأخذ كل امرئ حقّه دون أن يتعدى على حقوق الآخرين وأن نكون جميعاً عاملين من أجل خير بلدنا وازدهاره .

وفي مدرسة أخرى من مدارس الطفيلة ، كانت معلمة تناقش طالباتها فيما تنشره الصّحف تباعاً عن أخبار الديمقراطية في الأردن ، سألت طالبة في الصف الثامن :-

- ما معنى الديمقراطية ؟
- قالت المعلمة : الديمقراطية أن يشارك الناس في صياغة القوانين والتشريعات التي تنظم حياتهم ، وأن يُستشار ذوو الرأي منهم في الأمور المُهمة التي تُوجه سياسة الحكم في بلدهم ، والديمقراطية أن يكون المواطنون متساوين في حقوقهم وواجباتهم أمام القانون ، وإن ذلك كله لا يتوافر إلا إذا ساد البلاد الحرية والأمن حتى يقوم كل امرئٍ بعمله خير قيام .
- سألت طالبة أخرى : ما مظاهر الديمقراطية في بلادنا ؟

وقبل أن تجيب المعلمة لفت انتباهها سِرب من الطيور حطّ على شجيرات خضراء في ساحة المدرسة ، وسرّها أن عدداً من الطالبات رفعن أيديهُن للإجابة عن السؤال.

- قالت إحدى الطالبات: يعيش الأردن حياة بهيجة في ظلال الحرية والشورى والديمقراطية ، فها نحن نرى الصّحافة تناقش ما يهُم المواطنين بحرية وصراحة ، وقد شاهدنا أيضاً الانتخابات النيابية في عام تسعة وثمانين وفي عام ثلاثة وتسعين وتسعمائة وألف تجري في محافظات الأردن كلها بيُسر وسهولة ونزاهة .

- قالت المعلمة : ولا تنسوا أن المواطنين في الأردن يشاركون في وضع التشريعات والقوانين ، ولعلكم تذكرون اللجنة التي صاغت الميثاق الوطني واللجان التي ناقشته وأقرته حتى صدر في صورته الأخيرة .

وفي مؤسسة ما من المؤسسات الثقافية ، استمعتُ إلى محاضرة عن الحرية والديمقراطية كان المتحدث يتحدث بطلاقة وبيان كأنه يتحدث عن تجربةٍ شخصية عزيزة مرّت به ، سمعته يقول :-

- إن النهضة التي يشهدها الأردن اليوم في مجالات الحياة السياسية والاجتماعية والاقتصادية والعلمية وغيرها ، إن هي إلا النتيجة الطبيعية للمبادئ التي اعتمدها الأردن لبناء دولته الحديثة ، هذه المبادئ التي تجعل الحرية والديمقراطية وحقوق الإنسان من أهم الأسس التي تستند إليها ، غدت الديمقراطية في الأردن مرادفة للحرية ، وقد شهد الأردن وبخاصة في تاريخه المعاصر ممارسة حقيقية للحرية والديمقراطية ، فهذه الحرية الاعتقاد، وحُرية العمل وحُرية الفكر السياسي المُتمثلة في تعدد الأحزاب ، وحرية التعلم ونشر دور العلم من مدارس وكليات ومعاهد وجامعات ، وحرية التصرف في كل ما يختاره المرء بمحض إرادته ، ولعمري إنها الصورة المُثلى للحياة الحرة التي ينشدها المرء ، حيث يمارس كل امرئ عمله وهواياته ، مستمتعاً بحقوقه،

مُخلصاً في أداء واجباته ، سعيداً بما ينعم به من خير وطمأنينة وصفاء ، ولعل هـذا أن يكون صورة مـن صور العناية والتكريم التي خص الله تعالى بها الإنسان ، حيث يقول عز وجل : " ولقد كرّمنا بني آدم " .

ولم يكتف الأردن بممارسة الحرية والديمقراطية مع أبنائه فقط ، بل أراد أن ينشرـ التجربـة علـى أوسع مدى ، وأن يغنيها بالدراسات العلمية ، وأن يفيد من التجـارب الإنسانية الأخـرى ، ومـن أجـل ذلـك توجّهت الإرادة الملكية السامية لإنشان (مركز دراسات الحريـة والديمقراطيـة وحقوق الإنسان في الـوطن العربي) على أن تكون عمان مقراً له ، وقد وجه جلالـة الحسـين – رحمـه الله – رسالة سـامية إلى أعضـاء اللجنة التأسيسية لهذا المركز ، وضّحت أهدافه ومبادئه وأسلوب العمل فيه ، ومما جاء في هـذه الرسالة : " بسم الله الرحمن الرحيم " ، أيهـا الأخـوة أعضـاء اللجنـة التأسيسية لمركـز الحريـة والديمقراطيـة وحقـوق الإنسان في الوطن العربي .

السلام عليكم ورحمة الله وبركاته ، وبعد :-

فأبارك لكم هذا المسعى الخيّر ، وشرف الرّيادة بـالنهوض لتأسيس هـذا المركز الـذي أردنـاه منارة يهتدي بنورها الأحرار والمؤمنون بكرامة الإنسان العربي وحقوقه ، والمتطلعون إلى بعث هذه الأمة الماجـدة من جديد ، إن رسالة هذا المركز كما نتوخاها هـي تعزيز التجربـة الديمقراطيـة الأردنيـة وإطلاق طاقـات المفكرين والمبدعين لبناء النموذج الكامل للديمقراطية السياسية والاجتماعية والثقافية .

إن الدفاع عن حريات الناس ، والتعاون من أجل ذلك مع المنظمات المعنية عربياً ودولياًـ يقتضي تعزيز البدايات الديمقراطية في الأقاليم العربية التي تختار هذا النهج ، انطلاقاً من أن دور هذا المركز يقـوم على تعليم الحرية للمضطهدين ، وكشف مساوئ الاستبداد ، وتعليم التفكير وفق منهجيـة حـرة عقلانيـة معاصرة، تستند إلى تـراث الأمـة الأصيل ، ورسالتها السّمحة في أبهى تجلياتهـا ، وإلى فهـم عميـق للعـالم المُعاصر ، وما يشهده من تغيير يستدعي دراسة القوى الفاعلة فيه من أجل

توسيع رُقعة الحرية والتقدم في العالم كله ، وما هو ضروري لإقامة التوازن بين المعرفة والقوة والثروة أثناء صياغة هذا التغير .

إن الإيمان بِشرف الغاية وسمو الرسالة يسعى إليها الإنسان يُذلل أمامه الصّعاب ، ويُنير له السُبل ، ويفتح بين يديه الآفاق الرّحبة... فلتكن قناديل الحرية مُضاءة بنور ضمائرنا ، عزيزة في كتب أطفالنا ، ودروس جامعاتنا ، مصونة بسواعد جنودنا ، وليكن حلم الانعتاق وحقوق الإنسان العربي مقدمة للوحدة القادمة".

وهكذا تمضي الحياة في الأردن ، في كل صباح تُشرق الشمس من جديد ، تبعث في نفوس أبنائه الطيبين الدف والنشاط والبهجة والصّفاء ، وتملأ قلوبهم عزماً وتصميماً على بناء هذا البلد العزيز وخدمة هذه الأمة الماجدة ، يبتهجون كُلما رأوا الرّايات مرفوعة فوق المنارات العالية ، واللافتات مرفرفة بكلمات - المغفور له - الحسين :-

" الإنسان أغلى ما نملك "

د. عودة أبو عودة

٣. القراءة الصامتة للطلاب :

يعطي المعلم وقتاً مناسباً لقراءة هذا الموضوع قراءة صامتة من الطلاب .

٤. شرح المفردات الصعبة :

إن أهم المفردات التي يجب توضيح معناها في هذا النص هي :-

يُبكّر : يذهب إلى عمله مبكراً

غاد : الذي يخرج إلى العمل / الغدو : الذهاب

رائح : عائد / الرواح : العود بعد انتهاء العمل

يُظلّهُم : يكون لهم ظلاً

تباعاً : متتابعة / مرة بعد أخرى

التشريعات : جمع تشريع ، وهي القوانين التي تنظم حياة الناس

إن هي إلا : ما هي إلا

غدت : أصبحت

الريادة : القيام بعمل ما لأول مرة

يقتضي : يتطلب

السّبُل : جمع سبيل وهو الطريق

الانعتاق : التخلص من العبودية

٥. قراءة الطلاب الجهرية :

يقرأ الطالب الموضوع قراءة جهرية ، يقرأ الطالب الواحد فقرة أو أكثر .. وهكذا حتى تنتهي القراءة الأولي للموضوع ، ثم تبدأ عملية تحليل هذا الموضوع بعد أن يكون الطلاب قد ألمّوا بمعاني الكلمات الصعبة جميعها .

يتبع المعلم هنا استراتيجية النقاش والسجلات ، ومعنى السجلات أن يحتفظ كل طالب من طلاب المجموعة التجريبية بسجل خاص بموضوع القراءة ، وأول ما يدون في سجل الطالب الكلمات الصعبة التي وردت في النص ، وشرح معناها، (وقد سبق التطرق إلى هذه الكلمات) .

أما النقاش فيشمل مشاركة الطلبة في التعلم ، فمثلاً يمكن أن يشارك بعض الطلبة بإثارة أسئلة معينة حول الموضوع توجه إلى المعلم ، أو إلى زملائهم منها على سبيل المثال ؟

س: ما معنى وتاجر يملؤه التفاؤل والأمل في رزق طيب وكسب حلال ؟

س: ما حدود مصلحة الجماعة ؟

س: كيف يشارك الأردنيون في وضع التشريعات والقوانين ؟

إن هذه الأسئلة وغيرها تدوّن أيضاً في السجلات الخاصة ، وتدوّن أيضاً الإجابات عنها سواء أكانت الإجابات من المعلم أو من الطلبة .

بعد هذه المناقشة للأسئلة التي أثيرت ، وغيرها يستمر الطلبة بعملية القراءة .. ثم تُناقش مسائل أخرى في النص كأن يوضح أحد الطلبة معنى العبارة (يعيش

الأردن حياة بهيجة في ظلال الحرية والشورى والديمقراطية) فيقول : نحن نعيش في ظل نظام يؤمن بحرية الرأي ، ويؤمن بمشاورة أصحاب الرأي والاختصاص، ويؤمن بأن الشعب يحكم نفسه بنفسه .

ويعقب طالب آخر: ولكنني لم أستشر في أية قضية تخصني أو تخص المواطنين الآخرين ، يتدخل المعلم ، قال زميلك أن الشورى تكون لأصحاب الرأي، وأهل الاختصاص وأنت وأنا لم نكن من أصحاب الاختصاص فليس من المعقول أن يستشير المسؤول كل واحد من أفراد الشعب ، وإنما المشورة تكون لمن يمثلنا في البرلمان ، وغيره من المؤسسات الأخرى .

وبهذه الطريقة تجري عملية مناقشة كل فكرة وكل عبارة تستدعي النقاش .

إن ذلك من دون شك سوف يعمل على رفع مستوى الوعي والمعرفة ، ويطور مستويات الاستيعاب القرائي، وبخاصة الاستيعاب الناقد ، وهو في الواقع أعلى مستوى من المستويات المختارة .

إن استراتيجيات التعلم والتعليم لا تقتصر على هذه الاستراتيجية ، وإنما يمكن اتباع استراتيجية أخرى بمعنى تنويع الاستراتيجيات من خلال مناقشة الموضوع الواحد .

فيمكن مثلاً تزويد الطلبة بقائمة من الأسئلة والتدريبات بشرط أن تكون هذه الأسئلة والتدريبات مركزة على تقويم خططهم ، ومراقبة استيعابهم ، فيمكن مثلاً صوغ مجموعة الأسئلة مثل :-

س: لماذا جعل الحسين (طيب الله ثراه) مركز دراسات الحرية والديمقراطية وحقوق الإنسان عربياً ، ولم يجعله أردنياً فقط ؟

س: ماذا يعني تعليم الحرية للمضطهدين وكشف مساوئ الاستبداد ؟

س: وضح العبارة الآتية : (من الضروري إقامة التوازن بين المعرفة والقوة والثروة)

أما قائمة التدريبات فيمكن أن تتضمن مثلاً :-

- اكتب جملة مفيدة تتضمن كلمة (الميثاق) .
- اعرب كلمة (النتيجة) في جملة (إن هي الا النتيجة الطبيعية) .
- اكتب ما لا يزيد عن ثلاثة أسطر حول موضوع بعنوان (الحرية الحمراء) على أن تكون الفكرة واضحة متكاملة .
- ما ضد الكلمات الآتية : الديمقراطية ،الاستقرار ، بمحض إرادته ، الانعتاق ؟ .... وهكذا

ومن خلال اتباع هذه الاستراتيجيات يمكن للمعلم أن يقسم طلابه إلى مجموعات ، تعمل كل مجموعة على ما توصلت إليه من معاني ودروس وعبر خلال قراءة هذا الموضوع ، أو أن تكون المجموعات ثنائية ، أي كل مجموعة تتكون من طالبين اثنين يقوم أحدهما بحل السؤال ، فهو يأخذ دور المفكر ، ويقوم الآخر بدور المحلل الجيد لأفكار زميله ، لنأخذ مثالاً على ذلك :-

أجاب أحد الطلبة (الطالب المفكر) على سؤال مفاده : كيف غدا الأردن الحديث ميداناً للممارسة الحقيقية للحرية والديمقراطية ؟ بقوله : إننا في الأردن نمارس حرية الاعتقاد وحرية العمل ، وحرية تعدد الأحزاب ، وحرية التعلم ، وحرية التصرف .

أما الطالب الثاني (المحلل لأفكار زميله) فيرى أن زميله قد أصاب في إجابته ، ولكنه لم يوضح معنى الاعتقاد ، وما المقصود بحرية العمل ؟ وما المقصود بحرية التعلم ، وما مفهوم حرية التصرف ، إن ذلك يحتاج إلى توضيح، وكذلك لم يجب زميله عن مفهوم الديمقراطية الذي تضمنه السؤال نفسه .

بعد انتهاء الطلبة من قراءة الموضوع ومناقشة فقراته ، ينتقل المعلم معهم إلى حل الأسئلة والتدريبات والأنشطة التي تركز على مهارات الاستيعاب الحرفي والاستنتاجي والناقد.

أولاً : الأسئلة

س: ما معنى الكلمات الآتية ، الرواح ، يتحدث بطلاقة ، يمضي إلى غايته ، الرسالة السمحة، السُبل .

س: اختر الإجابة الصحيحة

١. تدل كلمة الديمقراطية على حرية المسؤول في إدارة شؤون دائرته.

٢. تدل كلمة الديمقراطية على أن يكون المواطنون متساوين في حقوقهم وواجباتهم .

٣. تدل كلمة الديمقراطية على حكم الأقلية للأكثرية .

٤. تدل كلمة الديمقراطية على أن تكون القوانين ثابتة لا تتغير.

س: ضع علامة صح أو خطأ على ما يلي :-

إن مضمون الفقرة الآتية (إن الإيمان بشرف الغاية وسمو الرسالة التي يسعى إليها الإنسان يذلل أمامه الصعاب ، وينير له السبل ، ويفتح بين يديه الآفاق الرحبة) هو:-

١. الإنسان يستطيع أن يحقق ما يريد من دون أن يحدد الغاية.

٢. الإنسان العاقل هو من يتعظ بغيره ويفيد من تجاربه.

٣. الإنسان يحب أن يؤمن بهدفه لأن ذلك يحقق له ما يصبو إليه.

٤. الإنسان المخلص هو الديمقراطي الذي يشارك الآخرين في إنجاز أعمالهم.

س: إذا سألنا المعلم السؤال الآتي : أي النواب فيما يأتي يكون ديمقراطياً ؟ فالجواب الصحيح :

١. نائب يؤمن بأن أبناء عشيرته هم الأفضل لأنهم انتخبوه .

٢. نائب ينظر إلى (اربد) بأنها الأفضل لأنه من مدينة اربد .

٣. نائب يسافر كثيراً لأنه يجد في السفر فائدة ديمقراطية .

٤. نائب يذكر أبناءه يومياً بأنهم جزء من أبناء الأردن الكبير .

س: ماذا يمثل قول الرسول الكريم (صلى الله عليه وسلم) "الناس سواسية كأسنان المشط" ؟

الجواب :-

١. يمثل الحرية والعدل وحقوق الإنسان .

٢. يمثل أن الناس نوعان لأن أسنان المشط نوعان .

٣. يمثل الحث على الجهاد من جميع الناس.

٤. يمثل أفضلية العرب على العرب على الأمم الأخرى .

ثانياً : التدريبات :

التدريب الأول :-

اقرأ العبارة الآتية واستخرج ما فيها من أفعال :

" لم يكتفِ الأردن بممارسة الحرية والديمقراطية مع أبناءه فقط ، بل أراد أن ينشر التجربة على أوسع مدى

، وأن يُغنيها بالدراسات العلمية ، وأن يفيد من التجارب الإنسانية الأخرى " .

التدريب الثاني :

اكتب في دفترك من سطر إلى سطرين حول الموضوعات الآتية :-

١. الإنسان أغلى ما نملك.

٢. الشورى .

٣. حرية الاعتقاد .

٤. المعلم الديمقراطي .

التدريب الثالث :

ضع الكلمة المناسبة مما يأتي في الفراغ المناسب لها :

الكلمات (الاستبداد ، قناديل ، سواعد ، طاقات)

١. .... مرض يصيب المتسلطين على قدرات الشعوب

٢. لا يوجد شيء لبناء الوطن أفضل من..............أبنائه .

٣. يجب تفجير كل ....لبناء المجتمع الأردني الحديث .

٤. في البلد الذي ينعم بالحرية والديمقراطية تتوهج عادة .... والفرح

التدريب الرابع :

استخرج الكلمات المكتوبة كتابة غير صحيحة في العبارة الآتية :(هكـذا تمضي ـ الحيـات في الأردن في كل صباح تشرق الشمس من جديد تبعث في نفوس أبنائه الطيبين الدفء و النشـاط والبهجـة والصفاء وتملئ قلوبهم عزماً و تصميماً على بناء هذا البلد العزيز يبتهجون كلما رأوا الرايات مرفوعة .

ثالثاً : الأنشطة

النشاط الأول :ـ

اسأل زميلك ثلاثة أسئلة حول موضوع (الحرية والديمقراطية وحقوق الإنسان)

النشاط الثاني:ـ

اسأل أحد أعضاء البرلمان في منطقتك ، وإذا تعذر ذلك اسأل أباك السؤال الآتي :ـ

ما الذي يدل على أن الأردن بلد ديمقراطي ؟

دوّن الإجابة في دفترك بما لا يقل عن خمسة أسطر .

النشاط الثالث:ـ

اذهب إلى مكتبة المدرسة ، أو إلى المكتبة العامة في منطقتك ، واستخرج من القاموس معاني المفردات الآتية

:ـ

١. الريادة .

٢. يسوق.

٣. قيود .

٤. ساد .

النشاط الرابع:-

اجمع أفراد أسرتك بعد الغداء ، واطلب من كل واحد منهم أن يجيبك عن سؤال محدد ، ثم دوّن الإجابات في دفترك الخاص .

١. اسأل أباك : ما معنى الديمقراطية يا أبي ؟

٢. اسأل أمك : ما حقوق المرأة يا أمي ؟

٣. اسأل أخاك : ما مفهوم الحرية يا أخي ؟

٤. إسأل أختك: كيف نتشاور نحن أعضاء الأسرة في تصريف شؤون أسرتنا ؟

النشاط الخامس :-

يعطي المعلم واجباً بيتياً لجميع الطلبة يطلب منهم فيه أن يدوّنوا في دفاترهم أجمل العبارات التي وردت في النص ، مع بيان نواحي الجمال في هذه العبارات.

تعليم الكتابة

والكتابة مهارة أساسية في تعلم اللغات ، وتكون مراحل تعلمها ما يأتي :-

أولاً : التدرج

وهو مبدأ تربوي يرتبط بجميع حالات التعلم ، ويعني أن يسير التعليم وفق خطة بعناية بالسهل وتنتهي إلى الصعب . (الصعب فالأصعب)

ويبدأ التدرج في تعليم الكتابة بالخط ، ثم النسخ ، ثم الإملاء ثم الكتابة المقيدة، ثم الكتابة الحرة .

ويمكن اختصار هذه المرحلة بأن نبدأ بالحرف ثم الانتقال إلى الكلمات ثم الجمل ، ثم الفقرة ، ثم المقال أو الموضوع المكتوب من عدة فقرات .

إن تعليم كتابة الحرف يوصلنا إلى تعليم كتابة الكلمة ، وكتابة الكلمة يوصلنا إلى تعليم الجملة ، وكتابة الجملة يوصلنا إلى تعليم كتابة الفقرة ، وكتابة الفقرة يوصلنا إلى تعليم كتابة المقال ... وهكذا .

والتدرج هو عملية تجميع المهارات ، أي التراكمية ، المهارة مع ما قبلها ، فتعلم كتابة الكلمة يضاف إلى تعلم الخط والنسخ ، وتعلم الكتابة يضاف إلى تعلم الكتابة المقيدة .

هل يتعلم التلميذ كتابة الحرف دون أن يكون هناك ما يسبق ذلك ؟

الجواب . هو أن التلميذ يجب أن يتعلم كيف يمسك القلم . ويتعرف إلى وضع الدفتر أمامه .. وأن يتحكم بطول الخطوط التي يرسمها واتجاه كل خط وبدايته ونهايته. فإن ذلك كله يمهد لكتابة الحرف .

ويجب أن يتعرف إلى الخطوط المستقيمة أو المائلة ودرجة ميلانها ، أما تعليمه كتابة الحرف فيتضمن :-

١. أن يُعَرَّف بكتابة الحرف بشكل منفصل .
٢. تعليمه ألف باء الحروف.
٣. تعليمه كتابة الحروف المتصلة.
٤. بعد تكتيبه الحروف يعرف على كتابة المقاطع أو الكلمات .
٥. يكتب حرفان لا أكثر في كل درس .
٦. أن يبدأ المعلم بكتابة نموذجية للحروف قبل الطلب من التلاميذ كتابتها في دفاترهم .

واجبات المعلم في تعليم الحروف

١. توجيهه التلاميذ طريقة مسك القلم ومراقبتهم للتأكد من سلامة ذلك حتى لا يؤدي ذلك إلى خطأ يسيء إلى طريقة كتابة التلميذ .
٢. توجيهه التلاميذ إلى طريقة الجلوس السليمة على كراسي الدراسة ، كاعتدال الظهر ، وطريقة وضع الدفتر وضعاً سليماً.
٣. اهتمامه بالتنسيق اللازم بين الحروف التي يقوم التلاميذ بتعلم كتابتها ومن المفضل استخدام الدفاتر المطبوعة الخاصة بتعليم كتابة الحروف حيث فيها

الأسطر المتناسقة والخطوط التي تساعده على سرعة التعلم ومراقبة نفسه في ذلك الأمر.

٤. الاهتمام بالمسافات بين الحروف المنفصلة ، ثم توحيد المسافات بين كلمات الجملة عند تعلمه لها .

٥. أن يعلمهم التوازي في اتجاهات الكلمات التي يتعلمونها وأن تكون على أسطر واضحة .

٦. الاهتمام بالقلم أيضاً . إذ من المستحب استخدام أقلام الرصاص في بداية التعلم . حيث أنهم يستطيعون تصحيح الأخطاء ومحوها وإعادة كتابتها أسهل من أن تكتب بأقلام الحبر .

ويتم تعليم التلاميذ كتابة الحروف منفصلة ومتصلة ثم يبدأ بعدها تعليم النسخ.

النسخ

وأقرب الكتب التي يتعلمون نسخ دروسها هي كتاب القراءة الأساسي المقرر عليهم. وبعض أصحاب الأساليب لا يرى كثير أهمية في النسخ . إلا أن في النسخ جملة فوائد منها :-

١. يعتبر النسخ تدريباً جديداً يضاف إلى تدريبات الطلبة في تمرنهم على كتابة الحروف ، وهو تدريب على الخط في نفس الوقت لأنه قد يؤدي إلى التدريب على كتابة خط جميل من قبل التلامذة

٢. يساعد النسخ على تهجي الطالب للحروف والكلمات .

٣. يعزز تعليم التلامذة للمفردات والتراكيب .

٤. يعلم التلامذة على وضع النقاط والعلامات المختلفة كالاستفهام والتعجب وكذلك يعلمهم الفواصل وعلامات الترقيم (أي يدربهم عليها ليسهل تعلمها من قبلهم).

ويجب على المعلم أن يتبع الأساليب التالية في تعليم النسخ :

١. أن ينسخ المتعلم مادة مألوفة لديه، أي شيء يستطيع قراءته .

٢.   أن يتابع المعلم المتعلم في تأدية النسخ وواجباته التي ينسخها في البيت وأن يعطيه وقتاً مناسباً لمعرفة إن كان قد أداه على الطريقة الصحيحة .

٣.   ألا يكون واجب النسخ مرهقاً للتلامذة ، لأن الواجبات الشاقة كما هو معروف تربوياً منفرة وتؤدي إلى كرة الدرس والمعلم .

الإملاء

ويجب ألا ينتقل التلميذ من النسخ إلا بعد أن يمضي فترة مناسبة لأنها مهمة للانتقال إلى مرحلة الإملاء حيث أن الأخيرة تعتبر مرحلة للكشف عن مدى قدرة المتعلم على كتابة ما يسمعه ، ومن الممكن أن تستمر عملية النسخ مرافقة لعملية الإملاء .

والإملاء لا بد أن يكون لمادة مألوفة لدى التلميذ ، ومن المفضل أن يكون قد قرأها ونسخها وتعلم كل مفردة فيها وعرف تراكيبها .

ومن المفضل أن يكلف المعلم تلامذته بواجب بيتي يتضمن الاستعداد لمعرفة نسخ مادة إن لم يقصد المعلم أن يعطيهم إملاءً فجائياً ، فالفجائي لا يسبقه إعداد أو استعداد .

أما ما هو الإملاء المفضل ؟

ويمكن أن يكون الإملاء مفضلاً إن كان إملاءً لكلمات مختارة أو جمل مختارة أو إملاء لفقرة متصلة ، فإن له فوائد كثيرة تتصل بالمهارات الخاصة باللغة فهو :-

١.   تدريب على الكتابة الصحيحة والتهجي الصحيح .

٢.   يساعد على التمييز بين الأصوات اللغوية المتقاربة مثل س / ز / ت ، ط / ك ، ق وغيرها .

٣.   يزيد الإملاء في معرفة المتعلم بالتراكيب اللغوية والمفردات .

٤.   يساعد الإملاء المتعلم على تعلم الترقيم.

وهناك جملة مراحل يتم فيها النشاط الإملائي وهذه المراحل :-

أ. تعيين مادة قرائية معينة من قبل المعلم للتلاميذ كواجب بيتي لتكون مادة إملائية .

ب. يقوم المعلم بتملية الطلبة المادة القرائية كلها أو جزءاً منها والا يسرع في التملية وأن ينطق حروفها نطقاً واضحاً مسموعاً لأن الخطأ في ذلك يسبب خطأ التلميذ نفسه .

ج. تقويم المعلم لما أملاه ويفضل أن يكون التقويم ثنائياً وسريعاً .

د. تستخدم السبورة لكتابة الإجابات النموذجية ، أو يطلب بخوف المعلم من تلامذته العودة إلى كتبهم للتأكد من المادة الإملائية.

ه. يتبادل الطلبة دفاتر الإملاء ، ويصحح كل منهم للآخر.

و. إذا كانت طبيعة التلامذة لا تسمح بتبادل الدفاتر بينهم يقومون بتصحيح دفترهم ذاتياً ، ويقوم المعلم بكل التصحيح إن كان الطلبة في المراحل الابتدائية الأولية .

ز. يشخص المعلم الأخطاء الشائعة ويناقشها مع تلامذته ويعرفهم بها لتجنيبهم إياها في الإملاء.

ح. وكعمل تقليدي يطلب المعلم من تلامذته إعادة كتابة ما صحح من أخطائهم مرات عديدة لتمرينهم عليها .

ومن جملة ما مر بنا من نقاط فإنه يتبين لنا أن عملية الإملاء تحتاج إلى الخطوات الآتية :-

١. الاستعداد التام من المعلم والمتعلم للإملاء .

٢. عملية الإملاء نفسها .

٣. تصحيح الإملاء وبيان الأخطاء.

٤. مناقشة الأخطاء تلك .

٥. إعادة كتابة الكلمات أو الحروف التي تصحح أو إملاء المادة كلها مجدداً لمعرفة فيما إذا يأخذ المتعلم بتصحيح الأخطاء.

وقد يواجه المعلم بعض الصعوبات في الإملاء ومن تلك الصعوبات :-

أ. إن بعض التلامذة لا يميز بين بعض الأصوات اللغوية مما يؤدي إلى نتيجة مباشرة لخطأ في تمييزهم السمعي (وقد أشرنا إلى بعض تلك الحروف).

ب. عدم التفريق بين همزة الوصل وهمز القطع ، والجهل في ذلك لعدم معرفة التلميذ بالهمزتين ومواطن استعمالهما .

ج. عدم معرفة الطالب بقواعد كتابة همزة القطع المتوسطة والمتطرفة أو الخطأ في تطبيق القاعدة .

د. الخطأ في كتابة الألف الممدودة والمقصورة في نهاية الكلمات .

ه. الخطأ في كتابة التاء المفتوحة والتاء المربوطة.

و. قيامه بحذف اللام من الحروف الشمسية حيث لا تنطق بل تدغم مع الحرف الذي يليها .

ز. عدم معرفة الطالب بحذف الألف في (ابن) حيث يلزم حذفها كمثال (عمر بن الخطاب رضي الله عنه) .

ح. عدم حذفه (أل) في الكلمات التي تلفظ مثلاً (اللهو) أو (اللعب).

ط. خطا الطالب في كتابة الحرف المدغم فيكتبه بحرفين بدلاً من واحد .

ي. يخطئ الطالب في كتابة الألف التي تحذف مثل (عادوا) فيكتبها (عادو).

ك. يخطئ الطالب في كتابة النون بدلاً من التنوين بإضافة حرف إلى نهاية الكلمة.

ل. قد يضيف الطالب حرف ألف إلى تنوين النصب مثل (دعاءً).

م. قد يفصل الطالب كلمات موصولة مثل (كلما) فيجعلها (كل ما) .

ويجب أن ينبه الطالب إلى ما يستطيع تحمله من هذه النقاط وليس إخباره بها جميعاً لأن ذلك سيعقد عليه تعلمها ، ويجب عدم تحميل الطالب المشكلات الإملائية مرة واحدة ، ويجب تعريفه بالمشكلات لأن فشله في عدم التعرف بها يجعله في حالة لا يستطيع النطق بها أو فهمها أو كتابتها بصورة جيدة ولا حُسن استماعها .

المعلم والأخطاء الإملائية

هناك عدة أنواع من الأخطاء الإملائية لا بد أن يواجهها المعلم وذلك :-

١. إن المعلم يجب أن يكون لدية فكرة مسبقة عن أنواع الأخطاء الإملائية التي نجدها عند التلاميذ
.

٢. إن هذه الأخطاء لن تفاجئ المعلم ، بل يكون متوقعاً لمثلها.

٣. استعداده لمواجهة الأخطاء بالتقويم والإصلاح.

٤. أن يكون المعلم مقتدراً على التحكم بقواعد الإملاء العربي ليكون ناقلاً للمعرفة إليهم .

الكتابة المقيدة

الكتابة المقيدة تعني الموجهة ، وتأخذ الأشكال الآتية

١. جملة موازية : بأن يكتب عدة جمل موازية ، وذلك بإبدال الكلمات التي تستخدمها الجملة مثل :

أكل الرجل التفاحة ، فيعوض الرجل بالمرأة فتكون أكلت المرأة التفاحة .. الخ

٢. فقرة موازية : بأن يعيد كتابة فقرة عن طريق تغيير كلمات فيها . كأن يغير الجملة التي تتحدث حول شخصية تدعى (هدى) بشخص يدعى (حيدر) لأنه من التغيير سيتم تبديل الأفعال الضمائر الصفات التي تتعلق بصيغة الأنثى إلى صيغة الاسم الجديد (المذكر)

٣. كلمات محذوفة ، وذلك بالقيام بملأ الفراغات في جمل ينقصها حرف أو أداة استفهام أو أداة شرط ، أو كلمة من ضمن محتوى الجملة مثل :-

أ. ضرب الجندي ....

ب. .... الطالبة مجتهدة

ج. طلب الموظف .... يستقيل

د. راح الجميع .... السينما

٤. ترتيب الكلمات المتفرقة بجمل مفيدة مثل : يستقيل ، طلب ، أن ، المسؤول، فتصبح (طلب المسؤول أن يستقيل) .

٥. ترتيب الجمل ، فتكون هناك عدة جمل غير مرتبة ، يطلب من التلامذة أن يعملوا منها فقرة مفيدة . فالتلميذ هنا يكون في حال تجميع لهذه الجمل بعد أن يفهم العلاقات القائمة بينها ، على أن يرتبها زمنياً أو مكانياً ، أو منطقياً.

٦. تحويل شكل الجملة ، كأن تعطى له جملة منفية ليقوم بإثباتها أو استفهامية ليجعلها خبرية ، أو معلومة ليجعلها مبنية للمجهول .

٧. استخدام أدوات الوصل في جمل ناقصة .

٨. إكمال جمل ناقصة .

وعلى المعلم في هذه الحال :-

١. أن يهتم بسهولة الجمل وما يناسب مستوى التلامذة.

٢. أن يمهد المعلم للتلاميذ قبل الطلب إليهم الكتابة المفيدة أو الموجهة .

٣. ألا يستخدم المعلم كلمات غير مألوفة لم يتعلمها التلامذة .

٤. أن يتمرن الطلاب على التصحيح الذاتي أو يفهم تصحيح المعلم لأخطائه.

٥. من المفضل أن يناقش المعلم الأخطاء الشائعة مع تلامذته .

٦. ومن المفضل إعطاء المعلم تلامذته المزيد من التدريبات والتمرينات لغرض أن يعالجوا أخطاءهم من خلالها .

٧. يفضل أن يعيد الطلبة كتابة التمرين أو الجمل التي حصلت فيها الأخطاء عدة مرات .

الكتابة الحرة

والكتابة الحرة هي آخر المراحل المهارية ، ويجب أن تكون عند التلميذ المهارات الآتية :-

١. وضع هامش على الصفحة التي ينوي الكتابة عليها كأن تكون بوصة واحدة على جانبها الأيمن .

٢. وضع مكان معين في الورقة يكتب فيه التاريخ .

٣. وضع عنوان معين في مكان محدد من الورقة.

٤. أن يكون هناك فراغاً بين الهامش وبداية الفقرة ليكون مؤشراً لبداية فقرة جديدة .

٥. تحديد مكان الكتابة ، الجهة (يسرى أم يمنى) ، (سطر بعد سطر) أو (ترك سطر بعد سطر) .

٦. تخصيص مكان لإعادة الكتابة بعد التصحيح

٧. اتفاق المعلم معهم على أدوات الكتابة ، كقلم الرصاص أو الحبر أو غير ذلك.

إن هذه المهارات تبين اهتمام الطالب بالكتابة من جانب، وترك المجال للمعلم أن يضع تصحيحاته في الأماكن المناسبة، ويجب على المعلم أن يذكّر تلامذته بالاهتمام بهذه التعليمات أو المهارات حتى لا تنسى .

أما موضوعات الكتابة الحرة فتكون :-

١. الموضوعات القصصية : وتكون الكتابة بسرد قصة حقيقية أو خيالية مرتبة زمنياً ، تغلب عليها حقيقة الفعل الماضي .

٢. الموضوعات الوصفية كوصف الماضي أو الحاضر أو المستقبل، وتكون بموضوعات حقيقية وخيالية وتغلب أية صيغة تتفق وزمنية الموضوعات.

٣. الموضوعات التي تعرض ، كفكرة ما أو تحليل أو مقارنة لموضوع معين.

٤. الموضوعات الخلافية والجدلية ، عن طريق استخدام الأساليب العاطفية أو العلمية أو كليهما .

٥. الملخصات ، كأن يلخص الطالب نصاً أو فكرة عن طريق إبراز الأفكار الأساسية في مقال محدد مختصر بحدود معينة من الكلمات .

ويجب أن يراعي المعلم النقاط الآتية في الكتابات الحرة :-

أ.   الاهتمام بالموضوعات الوصفية .

ب.   الانتقال بعدها إلى الموضوعات القصصية .

ج.   جعل الموضوعات الخلافية والعرضية في آخر مراحل هذه الكتابات.

د.   أن تكون الخلاصات موازية للموضوعات القصصية والوصفية .

الفقرات الجيدة

وهي الفقرات التي يُعلم فيها الطالب ما يأتي :-

١.   وحدة الموضوع ووحدة الفكرة المركزية ويأتي الوضوح في جمل رئيسة ثم تتبعها جمل أخرى ثانوية وجمل توضيحية أخرى ، ثم جمل ثالثية ، ويفضل أن يسبق كتابتها جمل مخطط لها .

٢.   تماسك الموضوع عن طريق الروابط اللفظية التي تدعم العلاقات بين الجمل الرئيسة والإضافات والاستطرادات والاستنتاجات والتمثيل والعلاقات الإيجازية والعلاقات الاستفهامية .

٣.   توكيد الموضوع بأن يكون هناك ترتيب معين بنهج واضح كأن يكون الترتيب مكانياً أو زمانياً أو سببياً ، وقد يكون الترتيب استقرائياً أو استنتاجياً بأن نذكر الحالة العامة ثم تأتي الحالات الفردية.

٤.   و ضوح الموضوع عن طريق تعريف مصطلحات الجملة وتجنب التراكيب التي تتعدد فيها المعاني وتجنب المفردات ذات المعاني المتعددة واستعمال علامات الترقيم المناسبة التي توضح العلاقات بين الجمل.

٥.   صحة الفقرة عن طريق مراعاة القواعد والصرف والمفردات المناسبة والاهتمام بكتابتها بصورة إملائية صحيحة .

كتابة المقال

وهي مرحلة جديدة في الكتابة ، وهي كتابة أكثر من فقرة واحدة في موضوع واحد ولا يهم طول المقال ، وفي المقال كل خصائص الفقرات الجيدة ، إذ يجب أن تتوفر فيه الوحدة الشاملة للفكرة الواحدة مع صفة التماسك وترتبط فقراته بروابط لفظية ووجود ترتيب معين لفقرات المقال .

الكتابة الحرة المبرمجة

وتحتوي على عدد كبيرة من المهارات الفرعية ، لذا فإن برمجة هذه المهارات تكون حلاً ناجحاً وعملياً ، أي تركيز المعلم على مهارة فرعية واحدة في الدرس الواحد يعلمها لطلبته ويقوم كتابتهم على أساسها ، وفي الدرس اللاحق يعالج المعلم مهارة جديدة ، ويكون الطالب معززاً بمهارة جديدة ومهارة سابقة ، يطالب في نهاية السنة أو الفصل بجميع المهارات الفرعية .

أما المهارات فيمكن تلخيصها بنقاط هي :-

١. قدرة المعلم على عمل مخطط .

٢. قدرته الآلية في وضع العنوان والتاريخ والهامش.

٣. أن يضع فراغاً في بداية الفقرة .

٤. أن يكون خطه واضحاً .

٥. أن تكون فقراته مكونة من جمل رئيسة وجمل ثانوية وجمل ثالثة.

٦. أن تكون هناك وحدة الفقرة .

٧. أن تكون الفقرة متماسكة .

٨. أن تكون الفقرة واضحة .

٩. أن يكون هناك ترقيم .

١٠. أن تكون الفقرة صحيحة .

١١. أن يكون الإملاء سليماً .

أما الكتابة الحرة المبرمجة فيمكن أن نلاحظ فيها :-

١. تقييم الطالب على أساس المهارات .

٢. تركيز المعلم على مهارة فرعية واحدة في كل درس .

٣. تقسيم الكتابة الحرة إلى وحدات يمكن تعليمها كبرمجة .

٤. المعلم مُقوّم الأخطاء .

٥. قياس التقدم في الكتابة وتحققه.

٦. اتباع البرمجة في تعليم الكتابة الحرة .

كيف يتم الإعداد للكتابة الحرة ؟

١. تأكيد وضع الهامش والعنوان والتاريخ والفراغ وبقية آليات الكتابة.

٢. تأكيد على خصائص الفقرة الجيدة .

٣. أن يتعاون المعلم وطلابه لإعداد مخطط الفقرة أو المقال ، وتركها في بعض الأحيان للطالب أن ينجزها.

٤. مناقشة المعلم والطلاب حول محتوى المقال قبل الكتابة.

٥. إسعاف الطلاب بالكلمات اللازمة للمقال .

٦. اختيار موضوع مرغوب بالنسبة لمستوى الطلاب.

٧. تحديد عدد الكلمات والفقرات والجمل وعدد السطور .

٨. تزويد الطالب بالجملة الرئيسة لكل فقرة من قبل المعلمين .

فعندما يقوم الطلبة بالكتابة الفعلية يراعي المعلم النقاط الآتية :-

١. إعطاء التلاميذ وقتاً كافياً للتفكير قبل الكتابة .

٢. يكون دور المعلم دوراً مساعداً يقدم فيه العون والإرشاد .

٣. يكون واجبهم الكتابي مدرسياً لضمان قيامهم بالواجب بأنفسهم وعلى المعلم أن يقوم بتصحيح كتابتهم الحرة ، واضعاً في الحسبان نقاطاً معينة هي:-

أ. الطالب كثير الخطأ في كتابته .

ب. هناك الكثير من النقاط التي يجب تصحيحها وتقويمها سواء أكانت كلمات أو جملاً أو أفكاراً ، وكذلك في القضايا اللغوية الأخرى كاللغة والنحو والصرف والوحدة والتماسك.

ج. الموازنة في تقويم الكتابة لإعطاء العلامات المناسبة للطلبة .

د. الانتباه إلى ضيق الوقت وما يعطى للطلبة من وقت للكتابة .

ه. الموازنة بين ما يحضره وما يعطيه من مادة واختبارات وأنشطة على أن ينتبه المعلم كذلك إلى نقاط أخرى هي :-

١. عدم إشعار الطالب بكثرة أخطائه ، وإنما إشعاره أن المعلم يصحح له من أجل مساعدته .

٢. تحديد بعض النقاط التي يصححها المعلم ، وإلا فإن تصحيح الأخطاء كلها لن يساعد في تقدّم الطالب بل يجعله في حالة نكوص يؤدي إلى نتائج عكسية .

وقد يكون من بين الطلبة من يستفيد من التصحيح المفصل الواضح ، وهناك من يهتم بالتصحيح المرمّز كأن يضع رموزاً يتعارف عليها مع الطلبة لموضوع الخطأ ليفهم أن الخطأ في الإملاء أو القواعد [(١)] أو في اختيار الكلمات ، وهذه الطريقة تحث الطالب على التفكير والاهتداء إلى الصوت ، وقد يخلط المعلم بين الطريقتين فيصحح للتلميذ تصحيحاً مفصلاً ثم يردفه بتصحيح مرمّز ، وبعد أن يجري المعلم تقويمه لكتابة الطالب، يعيد الأوراق إليه ليطلع على أخطائه فيقوم بتصحيحها وتعلم الأخطاء ، وقد يناقشها مع المعلم ويتعرف من خلالها على الأخطاء الفاحشة متعلماً بعض المفاهيم الرئيسة أو التراكيب المهمة ، ليقوم بعد ذلك بإعادة كتابة الفقرة أو المقال من جديد بطريقة خالية من الأخطاء .

---

(١) مثلاً (ك) تعني كلمة و (م) تعني الإملاء و (ق) تعني قواعد ... الخ

تعليم الكتابة خلال السنوات الستة الأساسية الأولى

السنة	الخط	النسخ	الإملاء	الكتابة المقيدة	كتابة الفقرة الواحدة	كتابة الفقرتين	كتابة الفقرات الثلاثة
الأولى	X	X					
الثانية	X	X	X	X			
الثالثة		X	X	X			
الرابعة			X	X	X		
الخامسة			X	X		X	
السادسة			X	X			X

تدريس الأدب العربي

أهمية تدريس الأدب العربي

للأدب أهمية متميزة بين فروع اللغة العربية الموجودة بين الأدب واللغة من جهة وبين الأدب والحياة من جهة أخرى ، فالصلة بين اللغة والأدب تتجلى في كون الأدب ضرورياً لحصول الملكة اللسانية فابن خلدون المتوفى سنة (٨٠٨هـ) يرى أن الملكة اللسانية تحصل بالحفظ والسماع المستمرين ، والمحاكاة الدائمة لكلام العرب القديم ، سواء أكان جارياً على أساليبهم من القرآن الكريم والحديث أم حادثاً به قرائح فحول العرب في سائر فنونهم الشعرية والنثرية والارتواء منه والنسج على منواله فإنه على قدر المحفوظ وكثرة الاستعمال تكون جودة العقل المصنوع نظماً ونثراً ، وصلة الأدب والحياة تكمن في كون الأدب نقداً للحياة وتوجيهاً لها ، وأن دراسته دراسة للإنسانية نفسها في أجلى معانيها والأدب عماد مرصوص لحفظ كيان اللغة وما بقيت اللغة محفوظة يبقى كيان الأمة رصيناً ، وإذا انهار كيان اللغة تنهار الأمة بدداً لا يجمعها شيء .

وتتجلى أهمية الأدب أيضاً بما فيه من أثر في إعداد النفس وتكوين الشخصية وتوجيه السلوك الإنساني ، وتهذيب الوجدان وتصفية الشعور وصقل الذوق

وإرهاف الإحساس، وتغذية الروح، فهو يعد سياحة جميلة ومتعة وثقافة وتربية وأنه يحدث في نفس قارئه وسامعه لذة فنية، فهو ذو سلطان واضح على النفوس .

وله آثاره الظاهرة على أحداث التاريخ لما فيه من روح التوجيه والتحفيز والإثارة والقيم الروحية والأخلاقية والوطنية والإنسانية ، وكانت أغلب كلماته نوراً هادياً مشت به الإنسانية لمحاربة البؤس والشقاء لأنه صوت العقل والرشاد ودرسه من الدروس المهمة ذات المتعة ، ففيه يستنشق الطلبة نسمات الحرية والرأي ويتيح لهم الفرصة لكي يخففوا من أثقال المادة العلمية الجامدة التي تعتمد على القوانين والتمارين ، فالأدب كشف للنوازع البشرية والطبائع الإنسانية التي تتمثل في إنتاج يرى الإنسان فيه حياته ووجوده ويتلمس بين جنباته أنواع المتع فضلاً عن حفظ النُصوص الأدبية التي توسع الذوق الأدبي وتوسع الخيال وتنمي القدرة على النطق الجيد والتعبير الصحيح ، والإنسان العربي مثلاً يحتاج إلى الاستشهاد بالآيات الكريمة والأحاديث الشريفة والشعر البليغ والبيان الساحر ، وكتابه يرتبط بتدريس مادة تهدف إلى تنمية الذوق الأدبي وإرهافه لإدراك الجمال الفني والجلال البياني والى تربية الملكة الأدبية لغرض حصول القدرة على التعبير المؤثر .

تعريف الأدب

لغة : جاء في لسان العرب أدب معناه : الأدب الذي يتأدب فيه الأديب من الناس سمي أدباً لأنه يأدب الناس إلى المحامد ، وينهاهم عن المقابح ، وأصل الأدب الدعاء ، والأدب ، أدب النفس والدرس .

أما في الاصطلاح : فقد عرف الأدب بأنه مأثور الكلام نظماً ونثراً ، أو هو الكلام الإنساني البليغ الذي يقصد به التأثير في عواطف القراء والسامعين أو في عقولهم سواء أكان منظوماً أو منثوراً ، أو هو من الفنون الرفيعة الذي تصاغ فيه المعاني في قوالب من اللغة فيه جمال وفيه متعة ، وله سحر قوي الأثر في النفوس.

وللأدب أهمية متميزة بين فروع اللغة العربية للصلة الموجودة بين الأدب واللغة من جهة وبين الأدب والحياة من جهة أخرى ، فالصلة بين اللغة والأدب تتجلى في كون الأدب ضرورياً لحصول الملكة اللسانية ، ويرى ابن خلدون أن الملكة اللسانية تحصل بالحفظ والسماع المستمرين والمحاكاة الدائمة لكلام العرب القديم سواء أكان جارياً على أساليبهم في القرآن والحديث ، أم حادثاً به قرائح فحول العرب في سائر فنونهم الشعرية والنثرية والارتواء منه والنسج على منواله، إذ يقول: (وعلى قدر المحفوظ وكثرة الاستعمال تكون جودة المقول المصنوع نظماً ونثراً) .

وينقسم الأدب إلى قسمين :-

الأول : أدب إنشائي : وهو كل ما تجود به من قريحة الشعراء والكتاب من شعر ونثر .

الثاني : أدب وصفي : وهو ما يسمى بالنقد الأدبي وتاريخ الأدب.

أما خطوات الدراسة الأدبية فتمر بثلاث مراحل هي :-

أ.   فهم النص .

ب.   تذوق النص .

ج.   الحكم على النص أو تقويم النص .

وفي جميع هذه المراحل يمكن تطبيقها على ما يأتي :-

١.   **دراسة جو النص** : وتضم جانبين :-

الأول : حياة كاتب النص أو ناظم القصيدة ، ويجب التعرض إلى ماله علاقة بالنص وعدم التركيز كثيراً على الجوانب الأخرى

الثاني : السبب الذي كتب فيه النص أو المناسبة أو غير ذلك ، ويجب ألا يكون الكلام فيها كثيراً أو يكتفي بذكر أسطر قليلة حولها .

٢.   **أفكار النص** : ويجب تجريد الأفكار الرئيسة في النص وجمع الأفكار الهامة في مجموعات ، ثلاثة أو أربعة توجز تلك الأفكار .

٣. شرح النص : بذكر الكلمات المترادفة أو القريبة لكلمات النص ويجب أن تكون أسهل منها والاهتمام بالاختصار غير المخل وبدون الخروج عن الأهداف الرئيسة للنص.

٤. نقد النص : ويناقش المعلم الأفكار الجانبية أو الجزئية للنص ماراً ببعض الأفكار منها :

أ. مصادر فكرة النص .

ب. أهميتها وأهمية النص.

ج. ترتيب الأفكار الخاصة بالنص وفيما إذا كانت متناسقة .

د. حداثة الفكرة من تقليدها (أي بيان مدى حداثة الفكرة).

هـ هل تتوافق الفكرة مع الواقع أم أنها غير صحيحة

٥. التأثير في الدارس :

وتبين مدى التأثر والنجاح للنص في كسب تأييد الطالب او القارئ مع بيان العاطفة المتبادلة ودورها ومدى تأثير النص في زيادة العاطفة والتعاطف مع كاتب النص ، يتبين في ذلك مدى صدق الفكرة وكذلك نقد الفكرة في بيان ما إذا كانت لها قيمة ما .

٦. النقد الجمالي للنص :

وذلك باستعراض الصور الفنية التي استخدمها كاتب النص وذلك ببيان ما فيه من تشبيه او استعارة سواء أكانت تصريحية أو مكنية ، وفيما إذا تظهر فيه صورة الكناية والمجازات المرسلة والعقلية وغير ذلك .

أما الخطوات التي يمر بها الأثر الأدبي فهي :-

الخطوة الأولى : وجود المثير الذي يشد الأديب ويجعله منفعلاً .

الخطوة الثانية : تكوين الخبرة وتتحدد بالصورة التي تتكون في النفس فتشغل الفكر والذاكرة والاحساسات المختلفة ويجمعها العقل فتكون صورة نفسية .

الخطوة الثالثة : اختيار الأديب للكلمات والمفردات والصور .

الخطوة الرابعة : أن يجعل الرموز الأدبية تؤدي وظيفتها وتقرب من تمثيل الفكرة والنص. فبهذه الخطوات يكون الأديب جاهزاً لنقل الشيء الكبير والجديد إلى الآخر، وتصبح لديه القدرة على استعمال (اللغة) لتمثيل خبرته ، وعلى الأديب أن ينقل خبرته إلى الآخرين بعد أن تكون لديه قدرة كبيرة على استعمال اللغة لنقل هذه الخبرة .

طرق تدريس الادب العربي

إن هناك جملة طرق لدراسة تاريخ الأدب ومنها :-

١. طريقة العصور : وهي الطريقة السائدة في تدريس الأدب العربي في غالبية البلدان العربية ، (وتستثني بلدان عربية محدودة تهتم بالأدب الحديث)، أما عصوره التي اتفق المؤرخون الأدباء عليها فهي :-

أ. العصر الجاهلي : فترة ما قبل الإسلام والمنتهية بظهوره ، يصعب تحديد بدايته ، وربما قرنين قبل ظهور الإسلام (الفترة التي بدأنا نتلمس فيها ظهور الأدب) .

ب. العصر الإسلامي : ويبدأ منذ ظهور النبي (صلى الله عليه وسلم) وابتداء البعثة النبوية وتشمل :-

١. فترة صدر الإسلام التي تبدأ بالبعثة وتنتهي بنهاية عصر الراشدين.

٢. العصر الأموي (٤٠-١٣٢) هـ .

٣. العصر العباسي(١٣٢-٦٥٦)هـ (١٢٥٦)م، ويدرس هذا العصر بفترتين :-

الأولى: التي ابتدأت بخلافة ابي العباس السفاح سنة ١٣٢ هـ والمنتهية في عام ٢٣٢ هـ .

الثانية : تبتدئ بخلافة المتوكل ٢٣٢هـ وتنتهي عام ٦٥٦ هـ .

ويقسم هذا العصر حسب هؤلاء المؤرخين أو تقسمه جماعة أخرى إلى ثلاثة عصور أو اربعة، إذ تفككت الدولة العباسية وصارت فيها دويلات. المهم أن الدولة

العباسية قد انتهت بظهور التتار ليبتدئ عصر جديد من عصور الدولة الإسلامية وهو القسم الثالث من العصور الإسلامية وهو :-

ج- عصر الفترة المظلمة ، أو عصر الدول المتتابعة ، يبتدئ بسقوط بغداد سنة ٦٥٦ هـ وينتهي بعصر النهضة (الدول التركية المتتابعة ودولتي المماليك بمصر والشام والدول المتخلفة عن التتار في آسيا ، وممالك الدولة العثمانية في القارات الثلاثة القديمة) .

د- عصر النهضة ويبتدئ بدخول الحملة الفرنسية عام ١٢١٣ هـ/ ١٧٩٨م وحتى الزمن الذي نحن فيه ويسمى (عصر الانبعاث) ويحمل التطور في الأفكار والألفاظ .

١. طريقة الأقاليم أو البيئات : حيث يُدرس الأدب في كل اقليم وفي زمن معين، فهناك أدب الجزيرة وأدب العراق وأدب الشام وأدب مصر والأدب الأندلسي وأدب المغرب وفي هذه الطريقة تكون صورة المجتمع هي الصورة التي ينقلها الكاتب إلى الآخرين حيث يظهر فيها التباين في البيئات وكذلك ميزة كل اقليم وخصائص مجتمعه .

٢. طريقة دراسة الأدب على وفق الفنون الادبية وهي تدرس كل فن من فنون الادب على مر العصور وتتخذ الفنون محوراً لهذه الطريقة ، فهي تتناول الوصف والغزل والمدح والرثاء والهجاء وغيرها بطريقة المعالجة فناً فناً، مبينة وصفهُ كضعفه وقوته ومعلوماته ، وتهتم هذه الطريقة بتقوية الحس الأدبي لدى الطلبة لاتخاذها المقارنة بين نصوص الغرض الواحد أساساً في الدراسة .

٣. طريق التذوق الأدبي ، وتقوم هذه الطريقة على التذوق وتطوره عبر العصور وبيان اتجاهات الأدباء والاهتمام بأذواق كل عصر من العصر التي يدرسها الطالب ، فالقدماء كانوا يبتدئون بالأطلال وفي عصور أخرى اهتم الأدباء

بالإيجاز أو السجع أو الازدواج وتهتم هذه الطريقة بالتذوق الأدبي والفنون البلاغية .

خطوات تدريس الأدبي العربي

ليست خطوات تدريس الأدب مختلفة عن باقي الدروس كثيراً ، لأنها تتكون من:-

١. التمهيد : وللمعلم أن يمهد للموضوع بأية طريقة يشاء أو يستطيع، فقد تصلح للتمهيد عملية توجيه أسئلة تكون إجابتها مدخلاً للمادة التي يريدها المدرس، أو يمهد الحديث عن شاعر أو كاتب أديب له علاقة وثيقة بموضوع الدرس ، وربما يستغل المعلم الأحداث اليومية الجارية ليربطها بموضوع مشابه من تاريخ الأدب موضوع الدرس ليكون مدخلاً مهماً للموضوع .

٢. عرض مادة الدرس : يعدد المعلم خلالها المحاور والخطط والعناصر، ويشارك الطلبة في الحديث كل حسب إمكانياته العلمية ، على أن يتبع أسلوب التسلسل ليكون الموضوع مثيراً ، ويتضح من خلال ذلك ثقافة المعلم وإمكانياته التعليمية ومهاراته في التخطيط للدرس ومن ثم إدارته .

٣. ما يخرج به الدرس من مواعظ وعبر : إن أحداث التاريخ ليست ضرباً من العبث ، وكذا أحداث تاريخ الأدب والأدب نفسه ففيه من الفوائد العملية التي تستقي منه أو من كاتبه أو شاعره أو من فنونه ، إذ لا بد لكل درس من الدروس والعبر والمواعظ .

طريقة تدريس الأدب والنصوص

تقوم دراسة النص الأدبي على أمرين :-

الأول : معرفة جو النص

أي كما ذكرنا زمن النص ومكانه ومعرفة قائله والمناسبة التي قيل فيها (لتذوق العصر الذي يدرسه الطالب) .

الثاني : دراسة النص نفسه وذلك

١. دراسة الناحية اللغوية والنحوية : وذلك بشرح المفردات والتراكيب شرحاً لغوياً ونحوياً وتفهم معاني الجمل والتراكيب .

٢. دراسة الناحية الأدبية : وذلك بإبراز الأفكار العامة الواردة فيه وبيان صلة هذه الأفكار ببيئة الأدب وتوضيح العاطفة الخاصة بالأديب والتي يعبر عنها.

٣. دراسة أسلوب النص : وذلك بالتعرض للألفاظ (الجزالة واللين وائتلاف الحروف أو تنافرها) وقوتها وضعفها وصورها الخيالية والتعابير المجازية والبيانية (تشبيه واستعارة وكناية) وأثرها على النص ... الخ .

خطوات التدريس

١. التمهيد : وذلك بإثارة نشاط الطالب بالحديث عن النص وجوه .

٢. التعريف بصاحب النص ونبذه عن حياته .

٣. عرض النص على السبورة أو الكتاب ، والطلب من الطلاب أن ينظروا نظرة عاجلة عليه .

٤. قراءة المعلم النموذجية للنص بنبرات واضحة تتوضح فيها معاني النص ، ويقرأه بعده طالب أو أكثر قراءة تمهيدية ، (ويمكن الاستغناء عن هذه القراءة نسبة لوقت الصف).

٥. الشرح : فيه مناقشة للطلبة في أغراض النص واستخلاص الأفكار التي يعرضها ، أما المناقشة فيمكن أن تضم :-

أ. تقسيم النص حسب أفكاره العامة وبيان الصلة بينها وبيئتها .

ب. الإحساس أو العاطفة التي يعرضها النص وكيفية تمكنه من نقل تلك العاطفة إلى الناس .

ج. أسلوب صاحب النص .

د. خياله وتعابيره (المجاز والبيان والتشبيه والاستعارة والكناية) وأثر ذلك كله على النص .

ه. التقويم : فيما إذا كان الأديب مبتكراً ، مقلداً ، مقتبساً ، موفقاً في تعبيره وعاطفته ، إن كان متكلفاً ، القيمة الأدبية التي جاء بها في هذا النص ، هل تمكن الأديب أن يعرض أدب عصره ؟ هل يختلف أسلوبه في ذلك عن أسلوب آخر مثيل في عصر آخر كموضوع مقارن ، إن احتاج الأمر إلى المقارنة .

أهداف تدريس الأدب العربي

(الأهداف العامة)

١. الإطلاع على التراث العربي والاعتزاز به .

٢. تنمية المهارات اللغوية المختلفة .

٣. إحداث التغيرات في سلوك الطلبة وإظهار قدراتهم المختلفة.

٤. تعميق القيم القومية والوطنية والوجدانية والاجتماعية والفنية .

٥. تنمية الذوق الأدبي والقدرة على التحليل والنقد .

٦. توسيع نظرة الطلبة إلى الحياة والتفاعل معها [(١)].

(الأهداف الخاصة)

١. إطلاع الطلبة على التراث الادبي والشعري (الشاعر / أو أديب معين) من خلال طموحاته الخاصة

.

٢. تعميق القيم من خلال دراسة سلوك ذلك الشاعر أو الأديب.

٣. الوقوف على قدرة الشاعر أو الأديب على معالجة القضايا المختلفة بأسلوب أدبي أخاذ.

---

(١) الطرائق العملية في تدريس اللغة العربية ص / ١٢٩

٤. اطلاع الطلبة على أنه ليس كل ما قيل في حق ذلك الأديب أو الشاعر صحيحاً .

أما الأهداف السلوكية لذلك الموضوع فتتلخص فيما يأتي :-

(الأهداف المعرفية)

١. أن يعرض الطلبة شيئاً عن حياة ذلك الأديب أو الشاعر .

٢. أن يطلع الطلبة على عبقرية ذلك الأديب أو الشاعر.

٣. أن يلم الطلبة بالقيم الأصيلة التي أرادها ذلك الأديب أو الشاعر لأبناء أمته.

٤. أن يعرف الطلبة قدرة ذلك الأديب أو الشاعر على معالجة الأمور.

الأهداف الوجدانية

١. أن يتفاعل الطلبة مع حياة الأديب أو الشاعر (ربما المليئة بالاحداث).

٢. أن يستمتع الطلبة وهو يقرؤون سيرة ذلك الشاعر أو الأديب .

٣. أن يرغب الطلبة بالاشتراك بمناقشة هذا الموضوع مناقشة حادة.

الأهداف المهارية (النفسحركية)

١. أن يقرأ الطلبة موضوع ذلك الشاعر أو الأديب .

٢. أن يكتب الطلبة ملخصاً في هذا الموضوع من خلال فهمهم له.

٣. أن يقص الطلبة شيئاً عن حياة ذلك الشاعر أو الأديب على زملائهم [١].

خطوات الدرس

(حياة ونشاط الأديب الدكتور طه حسين)

١. التمهيد

يمهد المعلم لهذا الموضوع بتناول حياة طه حسين باختصار وسنة ولادته والبيئة التي ولد فيها ، وعن تعلمه لدروس العربية وخصوصاً الأدب ، وتميزه رغم

---

(١) الطرائق العملية في تدريس اللغة العربية ص / ١٣٠ " بتصرف "

عوقه بالذكاء والفطنة ، وقوة الحفظ ، ودراسته خارج مصر ، وزملائه ، ودور زوجته الفرنسية في إبراز نتاجاته الأدبية ... الخ .

٢. عرض مادة الدرس

يؤخذ كتاب معين مثلاً (الأيام) ويجري مقدمة حوله قد يبدؤها بسؤال الطلاب إن كان أحدهم قد قرأه أو يعرف شيئاً عنه .

يركز على الجزء الذي يدرسه ، فيجري قراءات نموذجية فيه ، كأن يقرأ بعضاً من ذلك الجزء ويطلب من طلابه أن يقرأوه وأن يقرأه أحدهم بعد المعلم ، ثم يبدأ بشرح المادة وإخراج المفردات التي يحتويها ويشرحها لهم ثم يكتبها على السبورة ويكتب معانيها ويطلب من الطلبة أن يكتبوا هذه المادة في دفاترهم.

يهتم المعلم بإظهار الجوانب التالية في هذا الجزء من الكتاب.

١. الهدف الذي كتبه طه حسين في هذا الكتاب أو الفصل.

٢. المفردات التي استخدمها طه حسين وشرحها .

٣. إن كان أسلوبه يختلف عن أسلوب الأدباء المعاصرين له .

٤. تميز إنتاجه وتعديد تلك المميزات .

ويركز المعلم على مناقشات الطلبة لكل مادة تطرح بحيث يجعل الطلاب يشعرون بأنهم يقودون الدرس وكأنهم المعلمين ويتدخل عند الحاجة لشرح أية نقطة من النقاط التي تتعرض للمناقشة .

ثم يحاول المعلم مع طلبته بتحليل شخصية طه حسين من خلال كتاباته ، لمعرفة أخلاقه ومستواه الأدبي وتأثيره في الآخرين وأثر الكلمة عنده على الحدث وعلى المجتمع ، وهل ترى تستطيع كلمته التأثير على البيئة ولعب دوره فيها ؟

وبعد الانتهاء من الدرس يمكن أن ينتقل المعلم إلى النقطة الأخيرة من المحاضرة وهي :-

الدروس والعبر

ويمكن أن يتوصل المعلم وطلابه إلى الدروس والعبر الآتية :-

١. أن طه حسين يستحق من خلال طروحاته فعلاً مكانة عميد الأدب العربي.

٢. أن سر عبقريته أن أدبه يساير عصره (أفكاره وشعوره وإحساسه وتأثيره وتصويره ... الخ) .

٣. أن طه حسين أرخ لحقبة زمنية مهمة من تاريخ الأدب العربي الحديث.

طريقة تحفيظ النصوص

يجد معظم التلاميذ صعوبة في حفظ النصوص ، ولذا يلجأ المعلم إلى عدة طرق من اجل تحقيق

هذه المهارة وأهمها :-

١. **طريقة المحو** : وفيها يكرر التلاميذ قراءة أبيات النص بعد فهمها وإجادة قراءتها ، ثم يبدأ بمحو

بعض كلمات النص .

ويشترط في الطريقة أن يكون النص مكتوباً على السبورة الأصلية أو على سبورة إضافية ليتسنى له محو

هذه الكلمات وعند محوها يستذكرها التلميذ ثم يمحو كلمات أخرى ، وهكذا إلى أن يتم محو البيت أو

الأبيات كلها .

وهناك طريقة أخرى للمحو تقوم على محو البيت الأول أو البيتين الأول والثاني ثم بمحو الثالث

معهما إذا ما حفظهما التلاميذ ، وهكذا حتى يتم حفظ النص كله .

٢. **طريقة الكل** : وتتم بعد أن يجيد التلميذ قراءة النص وفهمه فيقوم بقراءته مرات متكررة حتى

يتم حفظ النص كله .

وهذه الطريقة تنجح إذا كان النص سهلاً قصيراً واضحاً وتمتاز هذه الطريقة بأنها تجعل المعاني مترابطة في

ذهن التلميذ .

٣. **طريقة التجزأة** : وتتم بعد إجادة القراءة والفهم والاستيعاب ، ويقسم المعلم النص إلى أجزاء ،

كل جزء منها بشكل وحدة معنوية واحدة ، ومن ثم يكررون

قراءة الجزء الأول حتى يتم حفظه ، ثم يحفظون الجزء الثاني فالثالث بالطريقة نفسها ، وتمتاز بسهولة الحفظ وغرس الثقة في التلاميذ وخاصة الضعفاء منهم ولكنها تدعو إلى اضطراب الفهم بسبب تجزأة النص [١].

درس عملي في النصوص [٢]

التمهيد / يمهد المعلم عن حياة المتنبي باختصار ،يعرف به وسنة ميلاده ووصف عائلته ، وكيف تعلم الأدب والشعر ، وعن تميز طفولته وذكائه وقوة حفظه وحبه للعمل والأدب ولزومه الأدباء والعلماء والوراقين ، وتنقله في الأمصار العربية والإسلامية كالعراق والشام ، وسنة مقتله ووفاته [٣].

عرض المادة

المعلم : نحن لا زلنا نشعر بالنشوة والكبرياء كلما ذكرنا المتنبي ويقول البعض ما أبدع المتنبي في الشعر وتربع على عرشه إلا تعويضاً عن الفشل ، فما معنى ذلك ؟

تلميذ : المقصود بفشله هنا هو فشله في أن يكون أميراً ، وهذا ما كان يطمح إليه منذ شبابه .

تلميذ آخر : نعم كان المتنبي عاشق أمجاد وأن السيادة والرئاسة كانت أقل درجاتها.

المعلم : نعم من هنا اتهم بالنبوة ، وكان طموحه الزائد سبباً في هذا الاتهام ومن هنا أيضاً جاء مجده الشعري تعويضاً عن مجد الزعامة التي رأى نفسه أهلاً لها وأن هذه مكونات أساسية في شخصية ومرتكزات تاريخه ومحور حياته ، وقد كانت تعبيراً عن حقائق عالمه الوجداني ورموزاً تكشف عما في ضميره وعقله .

تلميذ : إن هذه الصفات جعلت الرجل يشعر بنفسه بالتعالي والغرور والإعجاب والغرور والغطرسة أحياناً .

(١) أساليب وطرق تدريس اللغة العربية ص /١٣٠

(٢) ملخص عن الطرق العملية في تدريس اللغة العربية ص / ١٣١ - ١٣٨

(٣) د. طه حسين الدليمي و د. سعاد الوائلي ، الطرائق العملية في تدريس اللغة العربية .

تلميذ آخر : يقال يا أستاذ أن المتنبي كان طامعاً بالثروة مثلما كان طامعاً بالسلطان

تلميذ ثالث : أنني أرى أن الثروة طريق إلى السلطان.

المعلم: إن المتنبي عندما لم يجد من يقدر مواهبه أخذ يتطلع إلى تحقيق أحلامه بالقوة ولكنه لمواقفه المتشددة ، ووقوفه إلى جانب القرامطة ، القي القبض عليه ، وسجن سنتين ثم أطلق سراحه على أن لا يعود لغيه. ثم عاد الى الشعر مقتنعاً بأن الشعر وحده هو الذي يقوده الى تحقيق احلامه في الثروة والجاه والسلطان.

التلميذ: يمكن ان استخلص مما تقدم أن المتنبي كان مستعداً منذ نشأته لأداء رسالة غير رسالة الشاعر ولكنني لا استطيع ان اعبر عن مطامحه المتشعبة.

المعلم: ان استنتاجك صحيح فقد كان يرغب باصرار ان يؤدي دوراً سياسياً أو عقائدياً أو مزيجاً من هذه وتلك.

تلميذ: اما أنا فأرى أن المتنبي نتيجة لهذه المواقف كوّن حوله اعداء وهم الذين اتهموه بادعائه النبوة. ويجب ان نكون منصفين ونحن ندرس سيرته.

تلميذ آخر: الافضل ان ندرس شخصية المتنبي لا بوصفه مؤهلاً للزعامة والامارة بل بوصفه شاعراً وما في هذا الشعر من فصاحة وبيان اذ حوله ذلك الى امارة الشعر وترك الامارة السياسية.

تلميذ ثالث: نعم يجب ان نحلل ونناقش المتنبي الشاعر، فهو اراد الخلود ولكنه اصبح خالداً بشعره. فكم من زعيم وامير وملك اندثر ولم يعد يذكر.

المعلم: اذن دعونا نحلل هذه الشخصية، فضلاً عما ذكره زميلكم.

تلميذ: لقد تربع المتنبي على عرش امارة الشعر بعد كفاح طويل ذاق خلاله طعم القلة والحرمان. ولكنه بعد ان تألق اسمه في المدح، اعتلى شعره مجد الاقبال عليه والاعجاب به (كانت الدولة العباسية تعاني من التغيرات السياسية والاجتماعية آنذاك).

تلميذ آخر: من هنا اصبح يمدح الخاصة من الناس وقد حماه ذلك من ان يبيع شعره هنا وهناك.

المعلم: نعم، فقد بدأ رحلة المديح مع بدر بن عماد والي دمشق، فقد اعجب به المتنبي لانه كان من ارومة ولكنه لم يجد ضالته الا في بلاط سيف الدولة الحمداني فمن يعرف هذا القائد .

تلميذ: ان سيف الدولة كان من ابرز امراء بني حمدان فزيادة على وصفه بطلاً عربياً جريئاً يذود عن الاسلام، فانه كان ضليعاً في اللغة والشعر.

المعلم: لقد كانت ثقافة سيف الدولة واسعة عميقة، وكان على احتفاظه بكثير من خصال البداوة أبعد الناس عن حياة البدوي الجاهل.

فقد كانت بيئته الخاصة التي نشأ فيها تهيئه لحياة مثقفة لها خطر في المشاركة في العلم والأدب والأخذ بأسباب الحضارة . لقد أعجب المتنبي بهذه الثقافة .وقد أصاب من قال لولا سيف الدولة لما كان المتنبي من يعرف ان يفسر هذه الجملة ؟

التلميذ: إن المتنبي أسهم في تمجيد أعمال سيف الدولة البطولية وانتصاراته على الروح .ولكن لولا سيف الدولة الذواقة المحارب والناقد للشعر والشعراء والشاهر سيفه بلا هوادة زيادة على هباته وعظاته التي لا حدود لها لما اشتهر المتنبي بالطريقة التي اشتهر بها .

المعلم : لقد مكث أبو الطيب تسع سنوات مع سيف الدولة وكان متعلقا به تعلقا شديدا ، يرى أنه جمع صفات الزعيم فقد كان شجاعا وقد قدّر سيف الدولة ذلك بأنه قدر المتنبي وغمره بالهبات وقد أدت أخلاق المتنبي الصارمة وشهرته الواسعة إلى أن يؤلب على نفسه أعداء ألداء يتزعمهم ابن عم سيف الدولة وهو الشاعر أبو فراس الحمداني، ولكن سيف الدولة لم يحفل بادئ الأمر بحملات أولئك الخصوم ولما ضاق صدره وتخلى عن حماية المتنبي اضطر الأخير أن يهجر بلاط الدولة ويذهب خفية إلى دمشق ويمكن أن أسألكم هنا : هل أن سيف الدولة هو الذي فجّر شاعرية المتنبي ؟

تلميذ : لا أعتقد ذلك ، فسيف الدولة لم يكن في الأصل الصانع لشعر أبي الطيب ، إذ إن المتنبي في الأصل كان معداً إعداداً متميزاً في اللغة والعلوم الدينية والعقلية ، وكان معدوداً من بين النحاة واللغويين وذوي الإطلاع الواسع على الثقافات المختلفة.

المعلم : نعم ، تلك هي إنجازات الإلهام والعبقرية في عطاءات الكبار على الدوام ، والمتنبي واحد من هؤلاء ، فقد ملكته العبقرية من البروز بين كثرة من شعراء البلاط على الرغم من شهرتهم ، نقف اليوم إلى هذا الحد وفي الدرس القادم سوف نكمل بقية معلوماتنا عن المتنبي الشاعر والأديب والزعيم ، وكذلك عمّا امماز به من أشياء (ويفضل أن يكون بين كل رأي من الآراء التي طرحت عن المتنبي أبيات من الشعر تؤيد أو تؤكد الآراء المطروحة في المناقشة) .

تدريس النحو " القواعد "

تحتل القواعد النحوية مكانة بارزة في مراحل التعليم المختلفة ، فابن خلدون يعد النحو أهم علوم اللسان العربي قاطبة ، ويقول بأن " أركان علوم اللسان أربعة هي اللغة والنحو والبيان والأدب ، وأن الأهم المقدم منها هو القواعد إذ به نتبين أصول المقاصد بالدلالة فيعرف الفاعل من المفعول والمبتدأ من الخبر ولولاه لجهل أصل الإفادة "[1].

والقواعد النحوية هي "علم تراكيب اللغة والتعبير بها والغاية منه صحة التعبير وسلامته من الخطأ واللحن ، فهو قواعد صيغ الكلمات وأحوالها حين إفرادها وحين تركيبها "[2] وأنها "فن تصحيح كلام العرب كتابة وقراءة وهي ما يعني بالإعراب وقواعد تركيب الجملة اسمية كانت أم فعلية مثبتة أم منفية أو إنشائية وكذلك العوامل النحوية زيادة على ذلك دراسة العلاقات في الجملة وعلاقتها

(١) المقدمة ص / ٥٤٥

(٢) نحو التيسير ، أحمد عبد الستار الجواري ، ص / ٢

بما قبلها وما بعدها ، كما أنها تعني مجموعة القواعد التي تنظم هندسة الجملة أو مواقع الكلمات فيها ووظائفها من ناحية المعنى وما يرتبط بذلك من أوضاع إعرابية تسمى علم النحو ، أما مجموعة القواعد التي تتصل ببنية الكلمة وصياغتها ووزنها والناحية الصوتية وتسمى علم الصرف[1] .

ووصفت اللغة العربية بأنها لغة قوية فالإعراب هو القضية المركزية في النحو العربي ، وما مصطلح الإعراب إلا دلالة على البيان والوضوح ، إذ أن الإعراب لغة مصدر الفعل " أعرب " أي أبان ، يقول ابن جني " إن الإعراب سمي إعراباً لسببين هما الإبانة والايضاح ، ثم التغيير من حال إلى حال "[2] ، وجاء في لسان العرب أن الإعراب إنما سمي إعراباً لتبيينه وإيضاحه فيقال : أعرب عنه لسانه وعرب أبان وأفصح وأعرب عن الرجل أي بين عنه وأعرب الكلام وأعرب به أي بينه .

ويمر النحو العربي في حالة من ضعف المتعلمين ، وكذلك فيما يشتمل عليه من اضطراب وشذوذ واستثناءات وتعريفات ، وعليه لا بد من تيسير المادة النحوية في العصر الحديث وقد أخذ التيسير صوراً متعددة اتسمت بالاعتدال أو الضعف أو المغالاة ، فالتفريعات الكثيرة لا داعي لها والآراء المتباينة بتعليلاتها والأصول المضطربة بعباراتها المتعددة ، كل أولئك وغيره مما يمكن تداركه بالإصلاح وملاحقته بالتسديد واستصفاؤه بما يعود على اللغة بالسعة والتيسير المفيد والتركيز المأمون .

وينظر كثير من المعلمين إلى أن النحو مادة جافة ، ولذلك ينفرون من تدريسها وانتقلت العدوى إلى التلاميذ ولذلك فهم لا يتقبلونها ويرون في ضبط الكلمات أمراً

---

(١) التدريس في اللغة العربية ، محمد إسماعيل ظافر ويوسف حمادي ص / ٢٨١
(٢) الخصائص ، ابن جني ص / ٣٤

لا ضرورة له، ولذلك يسكّنون الكلمات وتزداد هذه الظاهرة حين يستعملها المعلمون أو لا يصرون على القراءة السليمة مع ضبط الكلمات .

والحقيقة أن مادة النحو ليست صعبة إذا ما عرضها المعلمون بطريقة ميسرة سهلة وآمنوا هم بذلك .

والهدف من تدريسها تقويم الإذن واللسان مشافهة وكتابة وهذا يعني أننا نجعل التلميذ قادراً على الاستماع والمحادثة والقراءة والكتابة بطريقة صحيحة وبقراءة سليمة تظهر عليها الحركات ، وقد حاول النحاة بعد أن أحسوا بمعاناة الطلاب من النحو ، حاولوا وضع طرق تيسر تدريسه وتقربه من عقولهم .

طرق تدريس النحو

هناك طرق خمسة رئيسة لتدريس النحو هي :-

١. الطريقة الاستقرائية : وتقوم هذه الطريقة على الأمثلة التي يشرحها المعلم ويناقشها ثم يستنبط منها القاعدة ، وهذا يعني أنه يبدأ من الجزء إلى الكل، والاستقراء اسلوب يشجع التفكير ، ويبدأ بفحص الجزئيات ، أي الأمثلة ثم الخروج من دراستها بقاعدة عامة مستنبطة منها بعد نقاش ، وقد نفذها بعضهم بالقول : أنها بطيئة في التعليم ، وقالوا أيضاً أنها على الرغم من ذلك تخلق رجالاً يثقون بأنفسهم ويعتمدون على جهودهم كما أنها تعلمهم الصبر والأناة في تفكيرهم .
٢. الطريقة القياسية : وتقوم على حفظ القاعدة منذ البداية ثم الإتيان بشواهد وأمثلة تثبتها وهذا يعني أنها تقوم على الحفظ ، فالطالب ملزم بحفظ القواعد أولاً ثم تعرض عليه الأمثلة التي توضح هذه القاعدة أي أن الذهن يبدأ من الكل إلى الجزء ، وإذا ما فهم التلاميذ الكل أي القاعدة بدأوا بفهم النماذج والشواهد والأمثلة والتفصيلات التابعة لها .

وهذه الطريقة تبدأ من الصعب إلى السهل، ولذا فهي تقتل روح الابتكار والتفكير عند التلميذ، كما أن عدم استعمال أسلوب النقاش يقتل الحماس ويسبب الملل للتلاميذ ورغم ذلك فإن بها مزايا منها : أنها توفر الوقت في التدريس وتريح المدرس من النقاش لأن عمله يقوم على التلقائية منذ البداية.

٣. الطريقة المعدّلة : وهي الطريقة الاستقرائية السابقة لكنها لا تقوم على الأمثلة التي قد تأتي غير مترابطة الفكرة بل تقوم على عرض النص الأدبي المترابط الأفكار وهي تسير بكتابة النص الأدبي أمام التلاميذ مع كتابة الأمثلة المرغوب في دراستها بخط مميز ، أو بوضع خطوط تحتها ، وبعد أن يقرأها التلاميذ يناقشهم المعلم بالأمثلة المميزة حتى يصل إلى استنباط القاعدة .

٤. طريقة النشاط : وتقوم على استغلال نشاط التلاميذ الذين يكلفون بجمع الأساليب والنصوص والأمثلة التي تتناول القاعدة المطلوب تدريسها ومن ثم يقوم المعلم بدراستها معهم ، أي أنها تقوم على جهد التلاميذ معاً وتنظيم المعلم لها حتى يتم استخراج القاعدة .

٥. طريقة المشكلات : وتقوم هذه الطريقة على دروس التعبير أو القراءة والنصوص حتى يتخذ المعلم هذه النصوص والموضوعات نقطة البدء لإثارة المشكلة التي تدور حول ظاهرة أو قاعدة نحو ثم يلفت نظرهم إلى أن هذه الظاهرة ستكون دراسة موضوع النحو المقرر ، ثم يكلفهم جمع الأمثلة المرتبطة بهدف المشكلة من الموضوعات التي بين أيديهم أو من غيرها، ومناقشتها معهم حتى يستنبط القاعدة [1].

أي أن هذه الطريقة تمر بالخطوات التالية :-

١. مرحلة الملاحظة واستقراء الجزئيات أي دراسة وملاحظة النصوص المتوفرة .

(١) أساليب تدريس اللغة العربية وإعداد دروسها اليومية بالأهداف السلوكية ، ص / ١٢٠-١٢٢

٢. مرحلة الموازنة وإدراك الصفات المشتركة والمتخالفة من الشواهد والأمثلة التي درسوها .

٣. مرحلة الاستنباط أي استخراج القاعدة .

٤. مرحلة التعميم والتطبيق أي الإتيان بأمثلة وشواهد جديدة غير تلك التي استنبطوا القواعد منها[١].

ويرى الدكتور فؤاد أبو الهيجاء أن من المفضل والأكثر فائدة للتلميذ أن يقوم المعلم بتدريس النحو من خلال النصوص الأدبية القصيرة غير المتكلفة لأن مزج النحو بالتعبير أي من خلال النصوص الأدبية يؤدي إلى رسوخ اللغة وأساليب اللغة في أذهان التلاميذ وبالتالي ترسيخ القواعد النحوية ، وهذه الطريقة توسع دائرة معارف التلاميذ وتدربهم على الاستنباط والدراسة والبحث وهذا الأسلوب هو الأسلوب الذي آل اليه التعليم الحديث[٢].

التطبيقات النحوية

لا يمكن أن ترسخ القواعد في الأذهان إلا بالتطبيق العلمي الكثير ، ولذلك فإن دراسة القواعد لا تنتهي بانتهاء حصة القواعد وإنما تستمر بعد ذلك في كل حصص اللغة العربية .

والتطبيق على نوعين : شفوي وكتابي .

والتطبيق الشفوي يسبق التطبيق الكتابي ويمهد له .

وعلى المعلم أن يراعي الأمور الآتية عند تدريب تلاميذه على التطبيق الشفوي والتحريري :

(١) طرق تدريس اللغة العربية ، السكري ، ص / ٢٤
(٢) أساليب تدريس اللغة العربية ، ص/ ١٢٢

١. أن تكون أمثلة التطبيقات نصوصاً أدبية وآيات قرآنية ، وفقرات من مواضيع ذات صلة بالحياة والمجتمع، وألا تكون أمثلة وجملاً جافة تنفر التلاميذ من القواعد .

٢. الابتعاد عن الألغاز ومسائل الإعراب التقديرية والمحلية التي تحتمل آراء مختلفة .

٣. الاهتمام بجوهر القواعد والابتعاد عن الشواذ .

٤. أن تناقش أمثلة التطبيق من حيث الفهم قبل مناقشتها من حيث القاعدة سواء في التطبيق الشفوي أم الكتابي .

٥. يبدأ بالتطبيقات الكتابية السهلة ثم يكون التدرج نحو الأصعب فالأصعب ، مع تمرين التلاميذ على الاعتماد على أنفسهم شيئاً فشيئاً .

٦. تحل التطبيقات والتدريبات في الصوت.

٧. يستغل المدرس فروع اللغة الأخرى كالنصوص والقراءة وغيرها للتطبيق على القواعد ، على ألا يطغى على تلك الفروع ويأخذ من وقتها الكثير. [١]

خطوات تدريس القواعد النحوية

ويمكن اتباع طريقة النص المعدل عن الطريقة الاستقرائية وهي :-

أ. التمهيد : والتمهيد يعتمد على طبيعة الدرس ، ومن الممكن العود فيه إلى الدرس السابق، فيقوم المعلم بطلب ضرب بعض الأمثلة عن الدرس السابق، والغاية من ذلك هو جلب انتباه الطلبة إلى الدرس الجديد، ولتكوين الدافع للانتباه للدرس الجديد، أي ربط المعلومات السابقة بالمعلومات المستجدة

ب. عرض النص : كتابة النص على السبورة من المعلم وبخط بارز وواضح يمكن قراءته ، ثم يبدأ المعلم بالقراءة النموذجية، ويركز على المفردات التي

---

(١) الموجز في أساليب تدريس اللغة العربية ، سميح أبو مغلي ص / ٦٠

يدور حولها موضوع النص ، ويمكن استخدام وسائل الإيضاح المختلفة في ذلك .

ج. تحليل النص : ويكون التحليل حول المعنى وحول القواعد فيظهر المعلم القيم التي يحتويها النص ، ويطلب من الطلبة أن يشاركوا في عملية التحصيل عن طريق توجيه الأسئلة والاستفسارات منهم، ويتم استخلاص الأمثلة المختلفة من النص، وأن يدوّن هذه الأمثلة على السبورة أو أن يضرب أمثلة بصوغها بنفسه، إن لم يتمكن أن يستخرج أمثلة من النص نفسه. وكذلك يمكن أن يدع الطلبة يتوصلون إلى هذه الأمثلة ، وأن يقوم بعملية تحليل توازن بين تلك الأمثلة من حيث الصفات المشتركة بين الجمل ليتم استنباط الأحكام العامة التي تسمى القواعد النحوية وتشمل الموازنة إعراب الكلمة ووظيفتها المعنوية وموقعها نسبة إلى بقية الكلمات وكذلك نوع الكلمة.

د. استنباط القاعدة : وبعد أن يتم التحليل وما تختلف فيه الأمثلة من الظواهر اللغوية يدخل المعلم في استنباط الحكم العام أو القاعدة النحوية ، ويدفع الطلاب إلى استنباط القاعدة بعد أن يتم نضج الموضوع في أذهانهم ، وبعد ذلك يسجلها على السبورة في مكان بارز ويستخدم في ذلك الطباشير الملوّن مثلاً .

هـ. التطبيق : يكون التطبيق جزئياً بعد أن تتم تجزأة القاعدة ويكون كلياً بعد تناول القاعدة كاملة حيث يؤدي الدرس غايته إذا اختتم بالتطبيق لتثبيت القواعد المعطاة ونقلها إلى الميدان العلمي كعرض نصوص قصيرة يطلب المعلم تحديد المفردات موضوع الدرس أو يعرض المعلم جملاً ناقصة ويطلب من الطلاب إكمالها أو يعرض كلمات يستخدمها الطلاب في جُمل من إنشائهم أو أن يطلب المعلم تكوين جمل كاملة تطبيقاً على القاعدة المدروسة [1].

(١) اللغة العربية مناهجها وطرائق تدريسها ص / ١٥٢-١٥٣

تدريس القواعد بالطريقة الاستنباطية

تدريس موضوع الفاعل

أولاً : الأمثلة

ضرب فراسُ الولَدَ .

قلب المعلم الكتاب .

قرأ الولدان الصحيفة.

مثلت البنتان المسرحية جيداً .

يضع المعلم خطوطاً تحت الكلمات :-

فراس ، المعلم ، الوالدان ، البنتان

ثم يضبط آخر الأسمين الأوليين ، (فراس ، المعلم) بالضمة وبلون مثير كاللون الأحمر مثلاً ، ويكتب حرف الألف في الكلمتين الأخيرتين (الولدان ، البنتان) بنفس اللون ، ويمكنه أن يكتب الكلمات الأربعة في كل جملة من الجمل المذكورة بلون غير الذي تكتب به بقية الجملة ، ليزيد في إيضاحها .

ثانياً : القراءة

يقوم المعلم بقراءة الأمثلة ويكلف بعض المتعلمين بقراءتها ويقوم كذلك بمناقشتهم حول نوع الجملة ، ليتم تحديد ركني كل جملة (الفعل والفاعل) لمعرفتهما في كل الجمل .

ثالثاً : المناقشة

يقوم المعلم بمناقشة المتعلمين مركزاً على الفاعل كي يحدد علامة رفعه، أي رفع الفاعل المفرد والتي هي الضمة الظاهرة على آخره ، والألف في رفع المثنى ، المذكر والمؤنث .

رابعاً : كتابة القاعدة العامة

يسجل المعلم القاعدة على السبورة عند استخلاصها من المتعلمين ، بعد أن يقوم بتنقيحها

وتصحيحها ثم يكتب على السبورة :-

القاعدة العامة : الفاعل اسم يقوم بالفعل أو اسم يقع عليه الفعل .

١. علامة رفع الفاعل المفرد : الضمة

٢. علاقة رفع الفاعل المثنى : الألف

ثم يشرح لهم الموضوع مجدداً ويكلفهم بإعادة قراءة المادة في البيت ويخبرهم أنه سيقوم

بالسؤال عنها في اليوم الذي بعده كإغلاق للموقف الصفي.

تدريس التعبير

التعبير : لفظاً هو الإبانة والإفصاح عما يجول في خاطر الإنسان من أفكار ومشاعر بحيث يفهمه الآخرون .

أما اصطلاحاً : فهو العمل المدرسي المنهجي الذي يسير على وفق خطة متكاملة للوصول بالطالب إلى

مستوى يمكنه من ترجمة أفكاره ومشاعره وأحاسيسه ومشاهداته وخبراته الحياتية شفاهاً وكتابة ، بلغة

سليمة على وفق نسق فكري معين[١] .

والتعبير هو تدفق الكلام على المتكلم أو قلم الكاتب فيصور ما يحس به أو ما يفكر به أو ما يريد أن يسأل

أو يستوضح عنه ، والتعبير اطار يكتنف خلاصة المقروء من فروع اللغة وآدابها والمعارف المختلفة. [٢]

(١) الطرائق العملية في تدريس اللغة العربية ، ص /٢٠٠
(٢) الموجز في أساليب تدريس اللغة العربية ص / ٥١

أهمية التعبير

يرى اللغويون أن الهدف النهائي من تدريس فروع اللغة المختلفة هو الوصول إلى تمكين الطالب

على التعبير بطلاقة وسلامة " مشافهة وكتابة " .

لذلك فإن للتعبير أهمية كبيرة في حياة الفرد ، وكذلك في حياة المجتمع ، ويمكن حصر أهميته بالنقاط

الآتية :-

١. يمثل التعبير طريقة لاتصال الفرد بغيره سواء بالأفراد أو بالمجتمع.

٢. والتعبير يساعد في حل مشكلات الفرد ، عن طريق ما يتبادله من الآراء والفشل في ذلك يؤدي إلى

    فقدان الثقة وتأخر النمو وتوسيع المشاكل .

٣. هو أداة تعليمية / تعليمة ، لذلك فإن عدم الدقة يؤدي إلى الإخفاق في تحقيق الأهداف التي ستأتي

    عليها أو أنه سيؤدي إلى عكس المطلوب ، والدقة تؤكد نجاح الكفاءة ونجاح العملية التعليمية /

    التعلمية وكذلك عمل المعلم وبقية شرائح المجتمع التي تحتاج إلى دقة التعبير .

٤. وبكونه أداة تعليمية / تعليمة فإنه إذن غاية في دراسة اللغة العربية، بينما الفروع الأخرى وسائل

    مساعدة (كالقراءة والخط والإملاء والنصوص والمحفوظات والقواعد) ، وهي مساعدة لكونها

    تسهم في تمكين الطالب على التعبير الواضح السليم .

٥. للتعبير فوق ذلك وظيفته التقويمية ، فهو يختبر مهارة الطالب في استعمال النحو والخط والإملاء

    وتسلسل الأفكار والأساليب .

أقسام التعبير

يقسم التعبير من حيث الموضوع إلى :-

١. تعبير وظيفي : وهو الذي يستعمل للأغراض الوظيفية والحاجات اليومية ، كتعبير الإرشادات

    والتعليمات والنشرات وكذلك في كتابة الاستمارات

والرسائل الرسمية كطلبات التعيين أو الطلبات الوظيفية الأخرى ، وكذلك الإعلانات .

٢. تعبير إبداعي ، يعبر فيه الكاتب عن أفكاره ومشاعره وآرائه وخواطره النفسية ، ويُرى ذلك في القصص والمسرحيات والتمثيليات وكذلك في كتابات السير الشخصية والمقالات التي نراها في الصحف والمجلات أو في كتب ومقالات النقد أو ما شابه ذلك .

أما الحديث عن التعبير في الأداء فهو قسمان أيضاً :-

أ- التعبير الشفوي : فهو يعكس التلقائية والطلاقة من غير تكلف فالتعبير عن النفس مثلاً أمر ذاتي عند الطفل ، يحبه ويميل إليه ، وعلى المعلم أن يشجع عليه ويدفع التلامذه إلى الكلام والتعبير عما تجيش به أنفسهم من الطفولة وحتى يتم للطالب ذلك بصورة واضحة وطلاقة طبيعية حين يكبر وينمو :-

ويهدف التعبير الشفوي إلى :-

١. تطوير وعي الطفل بالكلمات الشفوية كوحدات لغوية .
٢. إثراء ثروته اللفظية والشفوية .
٣. تمكينه من تشكيل الجمل وتركيبها .
٤. تنمية قدرته على تنظيم الأفكار في وحدات لغوية.
٥. تحسين هجائه ونطقه .
٦. استخدامه للتعبير القصص المسلي [١] .

وعندما ينمو الطفل أكثر وأكثر فإن أهداف التعبير الشفوية تتغير لتصبح :-

١. تنمية آداب المحادثة .
٢. التحضير لعقد ندوة وإدارتها ..
٣. القدرة على أن يخطب أو يتحدث أمام زملائه .

(١) مذكور ص /٩٤

٤. القدرة على قص القصص والحكايات .

٥. القدرة على إعطاء التعليمات والتوجيهات.

٦. القدرة على عرض التقارير عن أعمال قام بها .

٧. القدرة على مجالسة الناس ومجاملتهم .

٨. القدرة على عرض الأفكار بطريقة منطقية .[(١)]

ب- التعبير الكتابي (التحريري)

وهو ما يدونه الطلبة في دفاتر التعبير من موضوعات، وهو يأتي بعد التعبير الشفهي ، ويبدأ الطالب بممارسة هذا النوع من التعبير عندما يشتد عوده وتتكامل مهارته اليدوية على التعبير عما في نفسه ، ويبدأ التعبير مع الطالب بالتدرج، فهو قد يبدأ بإكمال جمل ناقصة أو تدوين أفكار تعرفها في أناشيده أو تكملة قصة سبق أن اطلع عليها أو تأليف قصة من خياله .

ويأخذ التعبير التحريري في المرحلة الأساسية العليا شكل كتابة موضوعات محددة يختارها الطالب أو المعلم ، ومع ذلك يستطيع المعلم أن يجمع التعبيرين الشفوي والتحريري في درس واحد ، فقد يناقش الموضوع بطريقة شفوية ثم يطلب المعلم من طلابه كتابة هذا الموضوع فيما بعد.

ولا تقل أهمية التعبير التحريري عن أهمية التعبير الشفوي ، بل إن التعبير الكتابي من أكثر هموم معلمي اللغة العربية ، فهم يعانون كثيراً من تعليم طلابهم الكتابة الصحيحة الواضحة بأسلوب صحيح يكشف عن المعاني المقصودة .

إن مجالات التعبير الكتابي كثيرة بعضها يجده الطالب في المدرسة ، وبعضها تزخر به الحياة وتزدحم في أذهان الطلاب، من هذه المجالات كتابة الرسائل والمذكرات والتقارير والملخصات وشرح بعض الأبيات الشعرية ونثرها وإعداد

---

(١) المصدر السابق ص / ٩٤-٩٥

الكلمات وكتابة محاضر الجلسات والاجتماعات وتحويل القصة إلى حوار تمثيلي والإجابة عن أسئلة الامتحانات[1] .

أهداف التعبير الكتابي

ومعظم الأهداف المذكورة في التعبير الشفوي هي الأهداف للتعليم الكتابي يضاف إليها :-

١. تدريب الطلبة على الكتابة بوضوح وتركيز وسيطرة .

٢. التعبير الكتابي هو وسيلة اتصال بين الفرد وغيره وكذلك مجتمعه ممن تفصله عنهم مسافات كبيرة .

٣. تحقيق آدابه الكتابية ، وترتيب الموضوع والاهتمام بالخط وعلامات الترقيم

٤. تنمية قدرة المتعلم على التعبير الوظيفي .

٥. تنمية قدرة المتعلم على التعبير الإبداعي .

الأسس التي يستند إليها التعبير

والتعبير بقسميه يعتمد على أسس ثلاثة مهمة يجب مراعاتها وهي :-

١. الأساس النفسي :

أ- ويمثل ميل الطالب للحديث والتعبير عما في نفسه ، ويمكن للمعلم أن يستثمر ذلك الوضع لتشجيع الطالب عليه

ب- ويميل الطالب أيضاً للتعبير عن الأشياء الملموسة ، لذلك فإن المعلم يتمكن أن يستعين بالمحسوسات من النماذج كالصور .

ج- ويحتاج الطالب الى تحفيز عقله والتأثير في الانفعالات والحركات لتبيان ما في نفوسهم فيقوم المعلم بذلك التحفيز والتأثير .

---

(١) الطرائق العملية في تدريس اللغة العربية ، ص / ٢٠٣

د- ويحتاج الطالب كذلك إلى المراعاة بسنه وعقله ، فهذا يعبر تعبيراً غير الذي يعبر عنه ذاك ، فعلى المعلم أن يراعي ذلك ، وذلك بمحاولة التقرب إلى التعابير التي تنسجم مع أعمارهم ليكون قدوة لهم ، على أن يكلمهم بلغة عربية سليمة .

٢. **الأساس التربوي :** وذلك بإتباع النقاط التالية :-

أ- توفير الحرية الكاملة للتلميذ : لاختيار الموضوع الذي يعرض فيه أفكاره ويبين فيها عباراته .

ب- أن يجعل المعلم حصص اللغة العربية بكل فروعها مجالاً خصباً للتعبير

ج- أن يكون التلميذ عارفاً بالموضوعات التي يختارها له المعلم والابتعاد عن الموضوعات الصعبة المبهمة ، لأن معرفة الطالب بالموضوع يساعده على التعبير الجيد فيه .

٣. **الأساس اللغوي**

ويتعلق الأساس اللغوي بمفردات اللغة التي يعرفها التلميذ، وأن التعبير بقسميه يتأثر باللهجة المحلية التي يتكلمها التلميذ ، لذلك :-

أ- على المعلم أن يزود الطلبة بالقصص والقصائد والأناشيد التي تزيد من ثروته اللغوية ، ويمنحهم التعبير فرصة التغلب على اللهجات العامية.

ب- على المعلم أن يبذل جهداً واسعاً في المجال اللغوي لأن الطالب يمثل صفحة بيضاء يلتقط الجديد من الألفاظ ويخزن معانيها في ذهنه .

وفيما سبق، فإن ذلك يختص بالتلميذ ، ولا بد أن يتعلق التعبير لدى الطالب في المعلم نفسه، فقلة ثقافته واعوجاج لسانه وسوء شخصيته وسلوكه المعوّج لن تفيد الطالب في توسيع دائرة معارفه . لذلك فكلما ازدادت ثقافة المعلم وعلمه ومعرفته ، زاد تأثير ذلك على الطالب وكلما كانت شخصيته جيدة وسلوكه مستقيماً فإن التأثير في الطالب سيزداد قطعاً ، زيادة على حبه للغة العربية وفروعها حسبما يظهر عليه من خلال تحمسه وكثرة استشهاداته اللغوية والنحوية وغيرها .

أما بالنسبة للمنهج ، فيجب أن يتسم المنهج بالشمولية والتكاملية ، وأن تتعلق المواد الدراسية ببعضها، أي أن تخدم كل مادة منها المادة الأخرى، ويكون استخدام المعلم للمنهج دوره في تطوير التعبير أو كل مادة دراسية أخرى . فقد يؤدي دوراً ناجحاً في الاختيار والانتقاء لما ينفع تلاميذه ، وأن يعرف متى تصبح النتيجة سلبية فيتوقف عندها مما يعني أن المنهج لا بد أن يراعي هذه النقطة وغيرها .

خطوات تدريس التعبير

١. خطوات تدريس التعبير الشفوي و (الحر)

أ- التمهيد : يكون الحديث قصيراً أو بأسئلة محددة يوحي بها الموضوع في التعبير الشفوي ويتضمن حلولاً لتلك الأسئلة ، أو أن يكون بإخبارهم أنه سيقص عليهم قصة ، أما في التعبير الحر ، فيقوم المعلم بشرح ما يجب عليهم عمله ، ومساعدتهم في اختيار الموضوع أو الموضوعات بعد تحديد مبادئ الاختيار لهم مثل الأخبار أو المشاهدات أو الحوادث والمشكلات الاجتماعية اليومية والرحلات ، وغير ذلك .

ب- في التعبير الشفوي يقوم المعلم بالقاء الموضوع أو القصة بتأن ووضوح والحرص على شدّ انتباه التلاميذ عن طريق براعة الإلقاء ، أما في التعبير الحر فإن المعلم يسمح للطالب أن يتحدث عن موضوعه وحث الطلبة على الاستماع إليه وإبلاغه بملاحظاتهم

ج- يقوم المعلم بانتقاء أسئلة متسلسلة حول الموضوع أو القصة لتدريب الطلاب على تنويع الإجابات ، أما في التعبير الحر فيقوم تلامذته بإلقاء الأسئلة على زميلهم ، وقد يكون المعلم هو السائل أي أنه يشترك مع الطلبة بتوجيه الأسئلة ثم يدع تلميذاً آخر للحديث عن الموضوع وهكذا (أي باشراك أكبر عدد من الطلبة في الحوار) إن هذه الخطوة مهمة جداً لأنها تنمي روح

المبأداة عند التلاميذ وتدربهم على الناحية اللغوية على فن السؤال كما أنها تدربهم على الأجوبة .

د- أن يقوم الطلبة باختيار عناوين للموضوع أو القصة ، يناقشهم فيها المعلم ويكتبها على السبورة ليقوم المعلم والتلاميذ باختيار أقرب العناوين الملائمة للموضوع .

هـ- في النهاية يقوم الطلبة بتلخيص المادة أو القصة ويتم ذلك بتوجيه المعلم وذلك لتحقيق أهداف الدرس في تحسين أسلوب التعبير عندهم .

وفي النهاية فإن دور المعلم في تدريس التعبير الشفوي يكون رائداً ، أما في تدريس التعبير الحر فإن الدور الرائد يكون للتلميذ بمراقبة وإرشاد المعلم .

خطوات تدريس التعبير التحريري (الكتابي)

التعبير التحريري لا يستغني عن التعبير الشفوي ، فقد يقوم المعلم بتقديم القسمين معاً لتقوية كفاءة الطالب وقدرته على الأداء الجيد ، لذلك سنقوم بتقسيم الموضوع حسب الصفوف التي يصلح معها ، ومن ذلك :-

أولاً : في الصفين الأول والثاني الأساسيين :-

أ- يقتصر التدريب في هذين الصفين على التعبير الشفوي فقط .

ب- يختار المعلم موضوعات المحادثة من مشاهدات الأطفال في البيت والشارع والمدرسة، والحفلات والزيارات والرحلات والهدايا والطيور والحيوانات وأدوات الطعام ووسائل الانتقال وغير ذلك .

ثانياً : في الصفين الثالث والرابع الأساسيين

وفي هذين الصفين يبتدئ المعلم بتدريب الطلبة على التعبير الشفوي والكتابي .

أ- ففي التعبير الشفوي يتبع أسلوب الصفين السابقين مع التوسع في الموضوعات لإتساع أفق الطلبة وازدياد المقدرة اللغوية عندهم .

ب- يبدأ المعلم بتعليم الطلبة على مهارة التعبير الكتابي بالطرق التالية :-

١.   استعمال كلمات في جمل تامة .

٢.   تكملة جمل أو جملة ناقصة بأي كلمة ملائمة من عنده .

٣.   الإجابة عن أسئلة عامة متنوعة .

٤.   ترتيب موضوع أو قصة تعرف أجزاؤها على الطلبة بصورة غير مرتبة.

٥.   التعبير عن صور تعرض عليهم .

٦.   ترتيب جملة ناقصة تقابل جملة متكاملة مثل (في الصيف يشتد الحر وفي الشتاء يشتد ....).

٧.   الطلب من التلامذة أن يصوغوا جملاً من أعمال يقومون بها أو عن أشياء يشاهدونها .

٨.   تكوين أسئلة عن موضوعات مختلفة تعرض عليهم أو يشاهدونها .

ثالثاً : في الصفين الخامس والسادس الأساسيين :-

يقوم المعلم هنا بتعليم التعبيرين الشفوي والتحريري أيضاً على أن تكون بمستوى الطلبة وأن تكون الموضوعات الخاصة بالتعبير الشفوي مواضيع محسوسة وغير معنوية لأن المعنوية تكون بعيدة عن سنهم .

أما في الموضوعات الكتابية ، فيقوم المعلم بما يلي :-

١.   تدريب الطلبة على الإجابة عن أسئلة حول موضوع يقرأونه على أن يراعي في ذلك عدم إجهاد الطلبة في الأسئلة.

٢.   تلخيص الموضوعات أو القصص التي يسمعونها من المعلم أو من أية جهة.

٣.   رواية قصة ناقصة ويطلب منهم إكمالها كلٌ بأسلوبه .

٤.   تأليف قصة تستخدم فيها مفردات وتراكيب مستخدمة أو مقروءة من قبل الطلبة ، والاهتمام بخيال الطلبة هنا .

٥.   كتابة موضوع وصفي لبعض الأشياء أو الأعمال التي يختارون الكتابة فيها بحرية أو التعبير عن نشاطاتهم اليومية أو غير ذلك مما يختارونه .

٦. إعطائهم قصة فيها فراغات أو موضوع فيه فراغات كثيرة لملئها بالمفردات التي يستخدمونها أو بعبارات مناسبة يعرفونها .

طريقة تدريس التعبير في المراحل الأساسية المتقدمة

يكون التلميذ قد ارتفع مستواه قليلاً وأصبح يعي الكثير من الأمور ويقوى على التفكير والخيال وقد صارت له ثروة لغوية لا بأس بها ، وهنا يجب تدريبه على المهارات الكتابية ، وعلى المعلم أن يضع خططاً لدرس التعبير ، يختار فيها موضوعات ملائمة لميولهم في سنهم هذا وملائمة لفهمهم ، حيث لا بد أن يشعر التلميذ أنه حرّ في التعبير عما يوافقه من الأمور .

ويمكن للمعلم أن يطلب من تلامذته التعبير (شفوياً) كذلك، حيث ان التنمية يجب أن تكون في كل المجالات الكتابية والشفوية والحرة .

" تقويم التعبير " أو التصحيح

إن عملية التقويم في التعبير أو التصحيح أمر مرهق ، لكنه مهم جداً ويجب أن يولى الاهتمام الكبير من المعلمين ، ويجب ألا يكتفي المعلم فيه بالتصحيح التقليدي الذي ينبه فيه على الخطأ اللغوي أو النحوي أو الفكري أو الأسلاب ، والذي هو (تغذية راجعة) للتلميذ ، حيث أن على المعلم أيضاً أن يراعي أموراً منها :-

أ- الوضوح الشامل للتصحيح ، لا إكثار التصحيح للأخطاء لأن ذلك يسبب الإحباط عند الطلاب .

ب- يجب أن يهتم المعلم بتدريب الطلاب ويمرنهم على التعبير ، وأن يتجاوز بعض الأخطاء في العبارات ، لأن الجودة في التمرين .

ج- أن يجمع أخطاء الطلبة (عموماً) في ورقة مدونة ، يطلعهم عليها ليقوموا بالتصحيح الذاتي بعد أن يقارنوا ورقة المعلم بأوراقهم.

د- أن يترك المعلم وضع (العلامات) للطلاب في التعبير ، وأن يترك الدرجة النهائية إلى فترة متأخرة
لتشجيع الطلبة على تحسين أساليبهم ومعالجة أخطائهم .

هـ- يقوم المعلم بتوزيع الدرجة أو (العلامة) على الناحية اللغوية والأسلوب والناحية الفكرية، لأن
التعبير يتكون منها جميعاً وعدم الاقتصاد على الناحية اللغوية لأن التعبير عملية دائمة تكمن
في دروس اللغة العربية كلها.

تدريس الأناشيد والمحفوظات

الأناشيد : قطع شعرية يتضمنها المنهج ، مختارة وقابلة للغناء ، أي للتلحين ، القصد فيها إثارة الحماس في
نفوس الطلبة ، وتساعد الطالب في تعميق انتمائه لوطنه وأمته ، وتنشد في كثير من الأحيان في المناسبات
العامة (دينية كانت أو وطنية أو اجتماعية)

تمتاز الأناشيد هذه بإيقاعها وموسيقتها التي تعبر عن روح الشعب والأمة.

أما سماتها فيجب أن تكون :-

١. سهلة الكلمات واضحة الأساليب ، قريبة المعنى ، ويفضل أن تختار من البحور القصيرة .

٢. يفضل أن تكون متصلة بنشاط الطلبة في المدرسة أو خارجها أما معانيها فلابد أن تتصل بالأسرة أو
المدرسة أو البيئة .

٣. أن تشتمل على المعاني التي تساعد على التربية الصالحة والنمو السليم بألفاظ صحيحة وأساليب
أدبية تلائم سن كل مرحلة .

٤. أن تشتمل على ألفاظ جديدة تثري لغة الطالب ، وأن يتجنب المعلم (أو واضع المنهج) استخدام
الألفاظ الغريبة أو الحوشية .

٥. وكما ذكرنا سابقاً فإن معانيها لا بد أن تكون لها صلة بإحدى المناسبات الدينية والوطنية والاجتماعية .

أما **المحفوظات** : فهي قطع أدبية موجزة تكون على شكل شعر أو نثر أو قرآن أو حديث يكلف التلميذ بحفظها أو حفظ جزء منها بعد دراستها وفهمها .

تتضمن قطع المحفوظات عادةً أفكاراً قيمة تصاغ بأسلوب جميل ذي إيقاع موسيقي يعبر عن وجدان قائله. وتختار المحفوظات بشكل تعكس دواخل الطلبة .

إن المحفوظات تختلف عن الأناشيد، إذ ليس من المهم فيها أن تكون هناك موسيقى أو لحن أو أداء مسرحي فالغرض الرئيس فيه هو زيادة الثروة اللغوية وتوسيع أفق التفكير عند الطالب ليفهم الأساليب الأدبية ، وأن يكون له ذوق أدبي سام ، ويهتم المعلم فيه على حسن الأداء (وإن كان ذلك لا بد منه في تدريس الأناشيد أيضاً)، وعلى نفس النمط اللغوي نفسه. ولا يجوز أن يعلم الطالب حوشي الكلام أو بذيئه ولا تكون المحفوظة معقدة تكون نتيجتها أن يكره الطالب لغته العربية ، فهي تنمية بالإحساس بالجمال قبل كل شيء ، ولا بد من احترام الطول والملائمة عند الاختيار، والمحفوظات مادة متقدمة عن الأناشيد يجب أن تقدم بطريقة تختلف حتماً عن الأناشيد .

أهمية الأناشيد وأهداف تدريسها

تنبع أهمية الأناشيد من كونها قطعاً أدبية جميلة يحبها الأطفال . ويتحمسون لحفظها لكونها ملحنة تنشد بأنغام موسيقية بسيطة ، تتسم بالملائمة مع أوقات الفراغ واللهو وكذلك النشاط .

أما الأهداف فتقسم بين أهداف تربوية أو خلقية أو لغوية نختصرها بالنقاط الآتية:-

١. تهدف الأناشيد إلى تحسين لغة الطالب الصغير وسمو أسلوبه وتعبيره .
٢. تهدف إلى بعث الحمية والحماسة ، وتوفير النشاط الغني للطالب.
٣. كما تهدف إلى تحسين النطق وإخراج الحروف بشكل جيد .

٤. انسجام الطلبة مع الإيقاع والموسيقى ، وما يبثه النشيد في الطالب من اعتداد بشخصه، فإن المعلم يستفيد من ذلك في تعليم اللغة لتثقيفهم وتحبيبهم لغتهم وتدريبهم على نطقها وقراءتها وكتابتها ، على أن يكون المعلم مُتمكناً من ذلك، ففي الوقت الحاضر ينقص الكثير من ذلك شخص المعلم وبخاصة المتعين حديثا، ومن ليست له خبرة في التدريس الفئوي العمري الجديد .

٥. ومن الجانب النفسي فإن قراءة الأناشيد تساعد على معالجة الخجل عند بعض الطلاب ، فعندما يعلو صوته مجتمعاً مع زملائه أو منفرداً فإنه يقاوم بذلك خجله ويتناساه .

اختيار الأناشيد والمحفوظات

وهناك جملة حوافز لاختيار الأناشيد والمحفوظات نذكر منها النقاط الآتية:-

أولاً : اختيار الأناشيد

١. أن تكون فكرتها جميلة وخيالها قريباً من مدارك الطلبة - حسب أعمارهم-.

٢. أن تكون موسيقاها عذبة .

٣. أن تكون الفاظها سهلة.

٤. أن تخلو من الكلمات الغريبة أو الحوشية الصعبة.

٥. أن ثثير عاطفة الطالب .

٦. أن تكون ذات هدف يتعلق بالتنمية الروحية أو الوطنية أو القومية أو الخلقية.

٧. أن يلائم النشيد ميل الطالب ورغباته.

ثانياً : اختيار المحفوظات

١. مناسبة المحفوظة لعمر الطالب ومستوى إدراكه للألفاظ والأسلوب والمعنى والخيال وكذلك طول القطعة التي يراد حفظها .

٢. أن تسترعي انتباه الطلبة عن طريق عذوبتها أو اتصالها بحياتهم ومشكلاتهم وأهدافهم .

٣. أن يكون أسلوبها مما يساعد على الحفظ وأن يكون معبراً يتمكن الطالب بسهولة أن يصل إلى الفكرة.

٤. أن تكون الفكرة مما يتصل بمناسبة أو موقف يختص بحياة الطالب (موقف ديني أو وطني أو اجتماعي أو فكري ... الخ).

٥. ومن المفضل أن يكون موضوع قطعة المحفوظات واحدة حتى لا يتشتت تفكير الطالب .

طرائق تدريس الأناشيد

يمكن تقسيم الطرائق حسب المستويات كما يأتي :-

١. في الصفين الأول والثاني الأساسيين :-

يتبع المعلم ما يأتي :

أ- يمهد المعلم لموضوع النشيد بكلام قصير وأسئلة تمهيدية سهلة .

ب- ينشد المعلم اللحن " مع آلة موسيقية إن وجدت " ويكرر ذلك مرات ومرات حتى يتأكد من أن آذان الأطفال قد ألفت هذا النشيد ، فيطلب منهم أن يشتركوا معه في الإنشاد .

ج- يغني الأطفال وحدهم لمعرفة تعلمهم له وإجادتهم إنشاده .

د- أن يحاول المعلم مناقشة معنى النشيد مع التلامذة الصغار لمعرفة استيعابهم لمعناه .

٢. تدريس النشيد في المراحل الأربعة التي تعقب السنتين الأوليتين من الصفوف الأساسية:-

أ- يمهد المعلم للنشيد بقصة أو أسئلة أو حديث مشوق .

ب- يشير لهم المعلم إلى الصفحة التي فيها النشيد من كتابهم المقرر ، ثم يقرأ أمامهم قراءة يحاول فيها أن يتمثل معناه .

ج- يطلب من التلامذة أن يقرأوا النشيد من بعده ، ليعرف مدى قراءتهم الصحيحة له مع الضبط ، وعليه أن يقوّم لهم أخطاءهم فيه .

د- يسألهم عن المعاني التي ترد فيه .

هـ- يحاول أن يطبق أقراء النص على صورة أجزاء حتى يتمكنوا من حفظ النص كلياً أو جزئياً.

و- أن يحاول أن يقرأ بإيقاع أو بتلحين – حسب معرفته الموسيقية – .

ثانياً : طرائق تدريس المحفوظات

وفي تدريس المحفوظات يتبع المعلم إحدى الطرق الآتية التي شرحناها سابقاً

١. طريقة الكل . يقوم المدرس بمتابعة التلامذة حتى يجيدوا قراءة النص وفهمه، فيقوم بالطلب إليهم بقراءته مرات متكررة حتى يتم حفظه كله ، ويجب أن يكون النص سهلاً وواضحاً وقصيراً ، وتساهم هذه الطريقة في جعل المعاني مترابطة .

٢. طريقة التجزأة : يقوم المعلم بتقسيم النص إلى أجزاء تعقب فهم الطالب واستيعابه للنص وإجادة قراءته ، وتكون كل الأجزاء وحدة معنوية واحدة .

يقرأ الطلاب الجزء الأول حتى يتم حفظه ، ثم يحفظون الجزء الثاني والثالث بنفس الطريقة حتى يتم حفظ المقطوعة كلها .

تمتاز هذه الطريقة بسهولة الحفظ وتغرس الثقة في نفوس الطلاب وخاصة الضعفاء منهم ، ومن عيوب هذه الطريقة أن فهمها لن يتم بسهولة بسبب تلك التجزأة .

٣. طريقة المحو : يكرر الطلاب قراءة أبيات النص أو الموضوع بعد فهمه وإجادة قراءته، ثم يبدأ المعلم بمحو كلمات النص ليتمكن الطالب من حفظها وترديدها بعد محوها.

النص لا بد أن يكون مكتوباً على السبورة حتى يتسنى للطلاب رؤيتها وحفظها وقد يكون المحو للأبيات الشعرية واحداً بعد الآخر ، ليردد الطالب ما يمحى منه ، وهكذا حتى يتم حفظ النص كله .

أما الطريقة التقليدية لتدريس المحفوظات فهي :-

١. التمهيد : وتكون بإثارة نشاط الطالب وإثارة ذهنه إلى موضوع القطعة ، باستعمال الأسئلة ، ثم يذكر المعلم المناسبة التي قيلت فيها هذه القطعة، وقد يصاحبها تعريف بسيط بقائلها.

٢. العرض : وذلك بعرض القطعة وإرشاد الطلبة إلى موضعها من الكتاب.

٣. القراءة النموذجية : وتتم من قبل المعلم ، ويجب أن يتسم بحسن الأداء، والقيام بتمثيل المعنى ما استطاع إلى ذلك.

٤. قراءة الطلاب البعدية: وذلك بقراءة أجزاء منها مع تصحيح الأخطاء (التقويم الأثنائي) بصورة مباشرة ،وتكرار قراءة الطلاب لغرض أن يحسنوا ذلك وتنتفي أخطاؤهم لغرض عدم تشويه الأداء (ويمكن أن يقرأ الطلبة قراءة جمعية بعد تقسيمهم إلى مجموعات لهذا الغرض) .

٥. الشرح : أي شرح المقطوعة ، ويمكن أن يتبع المعلم الطريقة الآتية في الشرح :-

أ- مناقشة إجابات الطلبة على أسئلة يلقيها المعلم عليهم وذلك لجعل الصورة المقصودة في المقطوعة قريبة من خيالهم ، وكذلك لتشويقهم وإثارتهم.

ب- يقوم بتقسيم المقطوعة إلى وحدات معنوية إذا احتملت أكثر من معنى .

ج-يقوم كل طالب بقراءة وحدة من تلك الوحدات.

د- استعمال اللوحة (السبورة) لكتابة المعاني اللغوية لمفردات المقطوعة.

هـ- يطلب المعلم من الطلبة صياغة المعاني العامة للمقطوعة ويفضل أن يعطي معنى عاماً لكل وحدة، وينتقل المعلم من وحدة إلى أخرى بالطلب إلى تلميذ آخر بتناولها بالشرح وصياغة المعنى.

و- جمع إجابات الطلبة مع بعضها على أسئلة جزئية يلقيها عليهم المعلم ليكون لذلك الجمع معنىً عاماً يفسرها .

٦. يقوم المعلم ويساعده الطلبة بتحليل وحدات القطعة إلى عناصرها الأساسية وأفكارها الرئيسة ووضع عنوانات لكل جزئية منها .

٧. يطلب المعلم من الطلبة إعادة قراءة القطعة للوقوف على إجادتهم لها وتمثل المعنى من خلالها أو إبداء الحماسة لها .

٨. يخوض المعلم مع طلبته مناقشة عامة حرة ويفضل أن تكون في أفكار القطعة أو حولها .

٩. تحفيظ القطعة أو جزء منها حسب الطرق التي نوهنا عنها (الكل أو الجزء أو المحو) وطلب حفظها في البيت كواجب بيتي .

تدريس الخط

يعتبر الخط من وسائل الاتصال الكتابي ، وهذه الوسيلة تقوم على تدريب الطلاب على الكتابة الصحيحة وفق قواعد رسم الحروف العربية ، ووفق أنواع الخطوط المختلفة أيضاً ، وهو نوع من الرسوم يثير في النفس الذوق وينميه ويحس الطالب أو أي امرئ بأن الحروف تتسابق فيما بينها لإظهار الجمال الكتابي والفني .

أهميته والخط مهم لارتباطه بالقراءة ، إذ هو أساس رموز الكتابة التي يسجل بها الكاتب أحاسيسه وتفكيره .

يعتبر الحرف وسيلة التعبير الصامتة ، فهو يساعد على تذوق جمال اللغة . [١] وهو من وسائل التعبير الكتابي في مجال التعليم، وهو من الفنون الجميلة الراقية ، ويجد التلميذ جديد الخط تقديراً من معلمه .

---

(١) الموجز في أساليب تدريس اللغة العربية ص / ٤٢

أهداف دروس الخط

هناك أهداف عامة وأهداف خاصة في تعليم الخط :

أولاً : الأهداف العامة

١. خلق القدرة على الكتابة الصحيحة وفق قواعد الخط ، وتدريب التلامذة على الكتابة الواضحة بسرعة وسهولة ووضوح مع جمال وتنسيق.

٢. تعويد الطلبة على الكتابة الدقيقة .

٣. أن ينشأ الطالب معجباً بالخط الجميل وحبه وأن يبدع فيه .

٤. وهو فوق هذا وذاك عملية تنمية للذوق الفني لدى الطلبة .

٥. يساعد في الإثراء اللغوي عندما يتدرب على كتابة الخط ، إذ هو يتعرض لجمل من الحديث الشريف أو من الكتب القديمة التي ترفع من ذوقه وأحساسه.

٦. اكتشاف بعض المواهب العقلية كالانتباه ودقة الملاحظة.

٧. الإصابة في الموازنة والحكم .

٨. يتعلم طالب درس الخط النظافة والنظام والدقة والإتقان والمثابرة والصبر وإدراك الجمال .

ثانياً : الأهداف الخاصة

وهي أهداف تنبع من الأهداف العامة . فتجعل لكل عبارة او نموذج في كراسة الخط هدف محدد منها تدريب الطلبة على حرف معين لإبراز الفروق بين أشكاله أو الحروف القريبة منه كما تهدف إلى إظهار الفروق بين أنواع الخط والنسخ وغير ذلك

طريقة تدريس الخط

يتبع المعلم الخطوات الآتية في تدريس الخط :-

١. التمهيد : وفي كل الدروس يمهد المعلم لدرسه ، وهنا يطلب المعلم من تلامذته أن يهيئوا دفاتر الخط ، والأدوات الخاصة به ، يقوم المعلم بكتابة التاريخين الميلادي والهجري على السبورة بخط جيد واضح ، وكذلك اسم الموضوع ، ثم يجعل السبورة قسمين ، الأول يكتب عليه النماذج التي يراد خطها والثاني يتركه للشرح.

٢. قراءة النموذج : يطلب المعلم من طلابه أن يتابعوا قراءة أحدهم للنموذج ، ثم يدع التلاميذ في مناقشة لمعنى الجملة ، دون الإطالة في ذلك.

٣. الشرح : وهنا يكون شرحاً فنياً ، إذ يطلب من التلاميذ أن ينتبهوا ويلاحظوه في أثناء الكتابة .

يكتب الحرف في القسم الأيسر من السبورة بألوان متعددة من الطباشير (أي أن يجزأ الحرف إلى ألوان متعددة مستعيناً بخطوط متعددة ، إما أفقية أو رأسية أو مقوسة (الغرض منها ضبط أجزاء الحرف).

ويمكنه عرض حروف مجسمة ، وبعدها يكتب الحرف كامل الأجزاء ثم يضع الحرف في الكلمة التي ذكرها في الجملة الا نموذجية .

٤. المحاكاة : ومن المفضل أن تكون المحاكاة بمرحلتين :

الأولى : في أوراق أو دفاتر غير كراسات الخط تمريناً عليها وضبطها .

الثانية : يكتبها بعد ذلك في (كراسات الخط) على أن يراعي هنا الدقة والتأني وعدم الخطأ .

٥. إرشاد الأفراد ويتم ذلك عندما يفتش المعلم كل طالب ليرشده من خلال استعمال قلم أحمر ، فيبرز لهم الأخطاء المهمة وليس في تتبع كل الأخطاء.

٦. الإرشاد العام : فعندما تكون هناك أخطاء مكررة عند كثير من التلاميذ، يطلب المعلم من الطلبة أن يضعوا الأقلام فيبدأ المعلم بتوضيح الخطأ أو الأخطاء ويفضل كتابتها على السبورة .

٧. المتابعة للإرشادين الخاص والعام ، كنوع من التقويم المستمر .

مراحل التدريب على الخط

يتبع المعلم في تعليم الخط والتدريب عليه مراحل وهي :-

١. الصف الأول الأساسي : يدرب المعلم التلميذ من خلال وضوح الحرف وسلامته وأن يرشد الطلاب الذين لا يجيدون الكتابة الإرشادي الفردي والجماعي إلى طريقة الكتابة السليمة.

٢. أن يزيد اهتمامه في الصفوف الأساسية التالية ، وأن يستمر في إرشاده وتعليمه ، والا فإن الطلبة لن يتعلموا قراءة خطوطهم.

٣. الكتابة على السبورة بترتيب وتنسيق حتى لا يتردى خط الطلبة .

٤. الاهتمام بحصة الخط .

٥. إعطاء الطلبة نماذج خطية ليكتبوها في البيت كواجب بيتي أو أثناء الدرس مع تجنب التوجيه أو التعليم أو التدريب .

وسائل تحسين الخط

١. أن يكون الخط مادة تدريسية مستقلة في التعليم الأساسي والثانوي ، وكذلك في معاهد المعلمين وكليات التربية .

٢. أن تكون لتلك المادة التدريسية علاماتها الخاصة بها كأية مادة أخرى ليتم الاهتمام من قبل التلاميذ .

٣. أن يكون هناك معلمون للخط مختصين بفنه .

٤. أن تكون هناك حوافز للطلبة للاهتمام بالخط ، مثل زيادة العلامات الامتحانية لمن يكون خطه جيداً .

٥. عرض لوحات من يكتب الخطوط الجميلة في المعارض الفنية ، وكتابة النموذج من الخط في اللوحات الجدارية التي تعلقها المدرسة .

تدريس القصة والمسرحية

القصة : القصة نوع من الأدب الراقي الرفيع أو هي لون أدبي ممتع يميل الطالب إلى سماعه منذ طفولته، وينصت إلى سماعه بكل شغف، وهو أدب يصور حياة الأمة (أفراداً وجماعات) ويعكس ما يحتمل في نفوسهم من انفعالات ورغبات ، فالقصة تزود الطالب بالحقائق والقيم والاتجاهات وتساعد في إثراء لغته ، وهي تخاطبه قلبياً ، وتشبع خياله ، وتحل له مشاكله ، كما أنها وسيلة لتحسين السلوك والأدب ، وتنمي شخصية الطالب وتساعد في تهذيبه ، وهي بعد هذا وذاك عنصر تعليمي هام تساعد في ترقية الفرد ، وهي نسخة من الحياة الاعتيادية التي يعيشها الأفراد ويمثل كل فرد فيها دوره.

وحيث أن أفراد القصة أو شخصياتها متحركون ناطقون ومعبرون عن إحداثها بأساليب مختلفة من القول والعمل ، لذلك فهي تثير في الطفل (أو حتى في الإنسان الناشئ) خيالاً وتحفيزاً إلى الكشف عن أشياء غير التي ألفها ، وتساعده في المشاركة الوجدانية مع الآخرين فيفرح مع شخصيات القصة أو يحزن معهم، ويعيش فترة عرضها حياة اجتماعية يتبادل مع أبطالها وشخوصها أفراحهم وأحزانهم ، وبالتالي فإن كل ذلك يتحقق من خلال لغة القصة أو المسرحية ، إذ تلعب اللغة دورها الفاعل في تأجيج العاطفة والانسجام والألفة بين أفراد القصة وبين قارئها أو مشاهدها إن كانت تمثل ، وتتمكن اللغة من نقل معانٍ وصوراً جديدة من الحياة والحوادث لا يجدها المرء في بيئته أو بيته فتكون مصدراً من مصادر

المعرفة ، ومن هنا جاء الاهتمام بها وبلغتها التي أهم شيء فيها ، فبدونها لا معنى لكل ما يجري فيها .

أهداف القصة والمسرحية

١. القصة والمسرحية تزودان الطالب بالمعلومات والقيم والمبادئ .

٢. انهما تساعدان في الإثراء اللغوي .

٣. إنهما يعرضان المشكلات الاجتماعية ، ويساعدان في حلها .

٤. إنهما محاولة لتنمية الفكر لجعله خلاقاً مبدعاً .

٥. إنهما يساعدان في بناء شخصية الطالب ، خاصة في المراحل الأولية من الدراسة .

٦. إنهما يربيان فيه الحاسة الجمالية .

٧. وتهدف القصة أو المسرحية إلى جملة أمور لغوية منها :-

أ. أنها تساعد على تمكين الطفل من فن الإلقاء والتعبير .

ب. تساعده على فهم مغزى استخدام اللغة من خلال تمثيل الأحداث الخاصة بالقصة .

ج. تساعده على حل عقدة اللسان .

د. تثير الخيال في نفس الطفل.

هـ. تربي وجدان الطفل وتقوي حافظته وذاكرته .

و. تعوده حسن الاستماع وحسن الفهم .

ز. تساعده على زيادة خبرته في الحياة .

ح. تبعث فيه الشوق إلى التعلم .

ط. تساعده في تنمية القدرة على القول الجيد بضبط تفكيره وصحة تعبيره .

ي. تنفعه القصة في دروس اخرى كالنصوص وتاريخ الأدب لفهمها وإدراكهما وكيفية انتقاء وإعداد القصص التراثية من خلال الأحداث التاريخية حيث تخدم النصوص وحوادث القصة ومناسبتها .

أنواع القصص وأسس اختيارها

والقصص أنواع : لا بد من الاهتمام بأسس اختيارها لتكون مناسبة للطفل ومن تلك الأنواع:-

١. القصص الخيالية : تلائم سن الطفولة المبكرة ، تمكن الطالب من التطلع إلى ما وراء البيئة المحدودة التي يعيشها .

٢. القصص الواقعية : التي تعبر عن البيئة التي يعيشها الطفل في سنه المبكرة حيث يصعب على الطفل أن يشعر كثيراً فيما وراء بيئته وأن يكون المعلم مدركاً لسن الطفولة المبكرة التي تحتمل حدوداً معنية من القصص.

٣. قصص البطولة والمغامرة : وهي تناسب سن الطفل أثناء نموه العقلي والجسمي ، لتقوي فيه غريزة المغامرة ، ولكن يجب التركيز على ما فيه نفع له ، أي عدم التحدث عن الطيش والتهور إلا إذا كان نقداً لهما ، ويمكن الاستعانة بالأدب العربي والإسلامي اللذان يمتلئان بأحداث المغامرة والبطولة لتأدية هذا الغرض ولا بد أن يدرك المعلم أهمية هذه المرحة ليساعد الطلبة في فهمها وإدراكها .

٤. القصص الغرامية : والتي يجب التركيز فيها عند المراهقة على العفة والأغراض الشريفة السليمة وتعريف الطلبة بمخاطر الانزلاق في الأخطاء ، وتعريفهم بأن (الحب) أداة شريفة لبناء العائلة والمجتمع السليم النظيف.

٥. المثل العليا والمشكلات الاجتماعية المهمة : ويمكن استخدامهما في القصص التي تثير القضايا الأخلاقية العليا كانتصار مثل الحق والفضيلة وانتصارهما على الشر والابتعاد عن الرذيلة ، ويفيد هذا النوع من القصص السن المتقدمة

للطلبة ، ولا بد أن يكون المعلم هنا في المستوى المطلوب لتقديم مثل هذه القصص .

كيف يلقي المعلم القصة على طلابه ؟

١. **بالنسبة للمكان** : قد يكون إلقاء القصة داخل الصف أو خارجه والمدرس هو من يقدر مكان إلقائها لأن ذلك يرتبط وطبيعتها .

٢. **بالنسبة للغة** : يجب أن تراعي القصة سن الطلبة ، وأن تكون اللغة عربية فصيحة واضحة لا تتضمن البذاءات ولا حوشي الكلام .

٣. **بالنسبة للمعلم** : بإمكانه أن يتحرك أثناء السرد ، وقد يجلس أثناء حركته ، ثم يقوم ، أي أن يشارك في التمثيل في حركاته قدر الإمكان حتى يزيد من شدّ الطلبة إليه ، أن يكون صوته مناسباً للدور فيبدأ هادئاً في التمهيد ثم يرتفع، وقد ينخفض حسب الدور ، وأن يقلد أصوات الشخصيات ويحاكيها بطريقة جذابة مثيرة دون تكلف وأن يقوم بتلوين صوته حسب المواقف من حيث الهدوء والغضب والسعادة والحزن ، فلصوته بطبيعة الحال أثره الفعال في جذب انتباه التلميذ ، وأن يحافظ على شخصيات القصة ويظهرهم إظهاراً حقيقياً بالتأكيد على السمات الشخصية لهم وإظهار مشاعرهم

٤. **بالنسبة للطلبة** : أن يراقب انتباه الطلبة وإنشدادهم إليه ، وإلا يجعلهم يبتعدون عن الجو القصصي الذي يسعى لجذبهم وشدهم إليه ، وتلعب القصة نفسها دوراً في الأمر إضافة إلى طريقة أدائه .

طرق تدريس القصة

١. أن يتولى المعلم إعداد القصة قبل تقديمها للطلبة وسردها عليهم ، على أن يلم بكل تفاصيلها.

٢. أن تكون القصة التي يختارها ملائمة للطلبة في سنهم وإدراكهم .

٣. أن يكون المعلم قد تفهم تفاصيل القصة وإدراك أحداثها وأفكارها ، وفهم شخصياتها ، وأن يدرك التطورات التي تحصل فيها من حيث أهدافها وترتيبها ، كما أنه لا بد أن يدرك العقدة التي تحتويها كل قصة لغرض أن يدرك حلها قبل أن يقدمها إلى الطلبة .

٤. عليه أن يمرن نفسه على تقديمها بنفسه وكأنه يقف أمام طلبته ، أن ينتبه الى طريقة سرده لها ، وإلى ما تتضمنه من المعاني ، أن يسبغ على كل شخصية يتمثلها ما تستحقه من الصفات ، وأن يراعي تنويع نغماته وعلو صوته وأن يشير إلى المعاني المطلوبة ، مع مراعاة المواقف العاطفية والوجدانية حتى يُمكّن الطلبة من الوقوف على المطلوب منهم فهمه من القصة .

٥. أن يستفيد من القائه في جوانب لغوية أخرى مع الطلبة ، كدقة التعبير مثلاً عن محتوى القصة وما تتضمنه من أحداث بعد سماعها معه .

٦. أن يقوم بسؤالهم عن كل ما يريده ليعرف فيما إذا كانوا قد فهموا القصة أم لا، وبطريقة مباشرة أو غير مباشرة ، ويطلب إليهم أن يسردوا بعضاً من أجزائها أو القيام بتمثيلها أو تمثيل الجزء الخاص بها .

٧. أن يستخدم ما أمكن من وسائل إيضاح تؤدي الغرض المطلوب لفهم القصة من قبل الطلبة والوقوف على بعض دقائقها كاستخدام بعض الأثاث الممكن المتوفر أو استخدام النظارات أو استخدام صور جدارية أو استخدام عصا أثناء المشي أو غير ذلك .

أما بالنسبة للمسرحية فيمكن اختصار الأساليب الآتية في تدريسها :-

١. الاختيار المناسب للموضوع .

٢. التمهيد المناسب للمسرحية كإلقاء أسئلة تمهيدية لتقريب المعنى للطلبة .

٣. قيام المعلم بالقراءة المناسبة والمشوقة والمجسدة للمسرحية متضمناً ما يأتي:-

أ- تجسيد المعنى للطلبة .

ب- تأدية المسرحية بأداء جيد.

ج- الاهتمام بطريقة الإلقاء المناسب .

٤. إشراك الطلبة في قراءة المسرحية ، واختيار الجيدين منهم للقيام بهذا العمل .

٥. مناقشة الطلبة لشخصيات المسرحية والتعرف إليهم وإلى أهم صفاتهم واستخدام السبورة لهذا الغرض.

٦. مناقشة الطلبة في النقاط الآتية :-

أ- الأفكار التي تحتويها المسرحية .

ب- الأهداف التي ترمي إليها .

ج- المعاني التي تتضمنها.

ويقوم بتسجيل كل ذلك على السبورة أو الطلب إليهم لتسجيلها في دفاترهم الخاصة .

٧. يسأل المعلم الطلبة عن الشخصيات التي يجيدون أداء أدوارها وبعد أن يتم ذلك يقوم بتوجيههم إلى حفظ النصوص التي عليهم إلقاؤها .

٨. يقوم بتدريب الطلبة على الأدوار التي وزعت إليهم حتى يثق بإجادتهم لها .

٩. يقوم الطلبة بتمثيل ذلك ليتأكد من توافق الجميع على وحدة المسرحية .

١٠. يقوم الطلبة بتمثيل المسرحية أمام زملائهم الطلبة لبيان حسن أدائهم لها .

١١. يستخدم المعلم أسلوب التقويم الأثنائي والتقويم البعدي لمعرفة مواطن الضعف وتحسينه وتلافيه أثناء تقديم المسرحية .

أسئلة تقويمية

ضع إشارة صح أو خطأ أمام كل مما يأتي :-

١. الغرض الأساسي من القراءة هو أن يفهم المتعلمون ما يقرأون ( )

٢. أن أقل وسيلة للحصول على المعرفة هي القراءة ( )

٣. إن حسن الأداء لا يعتبر هدفاً من أهداف القراءة ( )

٤. لمعالجة الأخطاء أو الضعف في القراءة ، هو تعليم المعلم تلاميذه معاني الكلمات ( ).

٥. إحدى خطوات الطريقة التحليلية للقراءة التكرار الكثير للكلمة حتى تثبت في الذهن ( ).

٦. تعتبر مرحلة التركيب من المراحل المتقدمة للطريقة المزدوجة ( ).

٧. يعتبر التدرج مرحلة مهمة من مراحل تعليم الكتابة ( ).

٨. لا يعتبر النسخ مرحلة من مراحل تعليم الكتابة ( ).

٩. يعتبر الإملاء مرحلة للكشف عن مدى قدرة المتعلم على كتابة ما يسمع ( ).

١٠. أن طول المقال أمر مهم في مرحلة تعليم الكتابة لأنه يتضمن فقرات جيدة ( ).

١١. تتجلى أهمية الأدب بما فيه من أثر إعداد النفس وتكوين الشخصية ( )

١٢. تمر خطوات الدراسة الأدبية بثلاث مراحل هي :-

أ- فهم النص ( )

ب- تذوق النص ( )

ج- تقويم النص ( )

١٣. لا يشكل التمهيد خطوة من خطوات تدريس الأدب العربي ( ).

١٤. يعتبر التقويم خطوة أساسية في تدريس الأدب والنصوص (   ).

١٥. لا يحتل النحو مكانة بارزة في مراحل التعليم الأساسية (   ).

١٦. إن من المفضل والأكثر فائدة للتلميذ أن يقوم المعلم بتدريس النحو من خلال النصوص الأدبية القصيرة غير المتكلفة (   ).

١٧. يمكن أن تترسخ القواعد في الأذهان دون التطبيق العملي الكثير (   ).

١٨. التعبير هو الإبانة والإفصاح عما يجول في خاطر الإنسان من أفكار ومشاعر بحيث يفهمه الآخرون (   ).

١٩. التعبير الكتابي هو ما يحفظه الطالب من التعبير في ذهنه (   ).

٢٠. إن دور المعلم يكون رائداً في تدريس التعبير الشفوي بينما يكون دور المتعلم رائداً في تدريس التعبير الحر (   )

٢١. الأناشيد هي قطع شعرية لا يتضمنها المنهج (أي أنها من خارج المنهج) (   )

الخاتمــة

تضمن هذا الكتاب وحدات ثمانية لتدريس طرق تدريس اللغة العربية ، وهو كتاب شامل، يتضمن تعريفاً باللغة ووظائفها ومكانتها ، وقد تناولناها بشكل مختصر فانتقلنا منها إلى الفلسفات التربوية لنبين علاقة اللغة بتلك الفلسفات وبخاصة فلسفة التربية الإسلامية التي تشكل اللغة العربية مادتها الرئيسية حيث أن القرآن الكريم قد نزل بهذه اللغة وأن تفاسير القرآن المعتمدة هي في اللغة العربية وكان الهدف الرئيس من عرض هذه المادة هو بيان موقع المعلم والمتعلم في هذه الفلسفة حيث أن طرق تدريس اللغة العربية هي عملية تعلمية / تعليمية، وتتضمن العملية التعلمية/ التعليمية محتوى الموضوع الذي يدرسه المتعلم لذلك فقد تناولنا المحتوى بشكل موسع حتى وصلنا إلى شاطئ محتوى اللغة العربية الذي نقدم طرق تدريسها بعدئذ ، ولكل عملية تعليمية خططها التي تهدف إلى تحقيق السلوك الناجح المقبول بالنسبة للمتعلم ، قدمنا بشكل مختصر لبيان أهمية التخطيط لتحضير الدورس اليومية لدرس اللغة العربية ثم تناولنا المناهج بشكل موسع مبينين الأسس التي يقوم عليها المنهج والفرق بين التقليدي والحديث منه وعلاقته بالكتاب المدرسي ، ثم انتقلنا إلى الأهداف وطريقة وضعها وصياغتها والكفايات اللازمة لواضع المنهج ومدرسه والفرق بين الكفاية والكفاءة والأداء ومواصفات المعلم لكل مرحلة من مراحل التعليم وقد وصلنا بها إلى مواصفات وكفايات معلم اللغة العربية الذي نهدف إلى إعداده إعداداً جيداً ، ثم انتقلنا بعدئذ إلى أساليب التدريس للغة العربية ، وقد تناولنا كل مادة منها القراءة ، الكتابة ، الأدب ، والنصوص ، والقواعد النحوية، والتعبير والأناشيد والمحفوظات والخط والقصة والمسرحية .

لقد جعلنا الكتاب (رحلة ممتعة) للقارئ ، غير متعبة ، راجين أن تحقق هدفها في إفادة طلاب المناهج والطرق في إضافة معلومات جديدة إلى ما سبق أن قدمها آخرون ، فنحن نتواصل معهم على نفس الدرب .

والله الموفق

والحمد لله رب العالمين

مصادر البحث

-القرآن الكريم .

-ابن منظور، لسان العرب، الدار المصرية للتأليف والترجمة، القاهرة (د.ت).

-ابن جني، الخصائص، تحقيق محمد علي النجار، القاهرة، دار الكتب/ ١٩٥٢.

-د. طه علي حسين الديلمي و د. سعاد عبد الكريم عباس الوائلي ، اللغة العربية مناهجها ، وطرائق تدريسها ، دار الشروق ، عمان / ٢٠٠٣.

-د. طه علي حسين الدليمي ود. سعاد عبد الكريم عباس الوائلي ، الطرائق العملية في تدريس اللغة العربية ، دار الشروق ، عمان / ٢٠٠٣.

-سميح أبو مغلي وجمال عابدين ، الموجز في أساليب تدريس اللغة العربية المؤسسة القومية للتربية ، عمان / ١٩٧٦.

-د. جاسم محمد السلامي ، طرق تدريس الأدب العربي ، دار المناهج ، عمان / ١٣٢٣هـ - ٢٠٠٣م .

-د. جاسم محمد السلامي ، تقويم الأداء لمعلمي أدب الأطفال والقواعد النحوية في ضوء الكفايات التعليمية ، دار المناهج ، عمان / ١٤٢٣هـ - ٢٠٠٣م .

-د. محمد علي الخولي ، أساليب تدريس اللغة العربية ، دار الفلاح للنشر والتوزيع ، عمان / ٢٠٠٠م.

-د. فؤاد أبو الهيجاء ، أساليب وطرق تدريس اللغة العربية وإعداد دروسها اليومية بالأهداف السلوكية ، دار المناهج طـ٢، عمان/ ١٤٢٣ هـ/ ٢٠٠٢م .

-د. هدى علي جواد الشمري ، تقويم كتب التربية الإسلامية في ضوء الأهداف التربوية ، دار المناهج ، عمان / ١٤٢٣هـ - ٢٠٠٣م .

-عبد السلام حبيب ، أسس التربية الحديثة ، القاهرة / ١٩٥٢.

- محمد منير مرسي ، أصول التربية الثقافية والفلسفية ، عالم الكتب ، القاهرة / ١٩٩٣.

- محمد نبيه حمودة ، التأهيل الفلسفي للتربية ، مكتبة الأنجلو المصرية ، القاهرة/ ١٩٨٠.

- نيلز ، مقدمة فلسفة التربية ، ترجمة محمد منير مرسي وآخرون ، عالم الكتب، القاهرة (د. ت) .

- جون ديوي ، الخبرة والتربية ، ترجمة فتحي عقراوي وزكريا ميخائيل ط٢ ، مطبعة لجنة، التأليف والترجمة ، القاهرة / ١٩٥٢.

- الشيخ محمد علي سليمان القضاة ، مباحث في الاعتقاد والسلوك ، (بحث).

- د. عارف خليل ، المنهج الإسلامي في دراسة التاريخ ، القاهرة.

- د. علي مدكور، منهج التربية في التصور الإسلامي ط٢ ، دار الفكر العربي، القاهرة / ٢٠٠٢ م .

- الغزالي ، المنقذ في الضلال ، بيروت ، دار العلم للجميع ، بيروت / ١٩٧٥.

- عبد القدوس محمد القضاة ، مصطلح الفلسفة الإسلامية ، بحث غير منشور ، عمان .

- عبد الرحمن النقيب ، في آفاق البحث العلمي في التربية الإسلامية، دمشق .

- د. محمد فاضل الجمالي ، فلسفة تربوية متجددة وأهميتها للبلدان العربية ، دار التربية في الجامعة الأمريكية ، مطابع دار الكشاف ، بيروت / ١٩٥٦

- د. عبد الرحمن عبد السلام جامل ، الكفايات التعليمية في القياس واكتسابها بالتعليم الذاتي، دار المناهج ، عمان – الأردن ١٤١٨هـ/ ١٩٩٨م

- د. طارق العاني و د. أكرم جاسم الجميلي، طرائق التدريس والتدريب المهني ، المركز العربي للتدريب المهني وإعداد المدربين – بغداد (د.ت) .

- جمال مثقال مصطفى القاسم ، صعوبات التعليم ، دار صفاء للنشر والتوزيع ، عمان / ٢٠٠٠م

-د. سامي محمد ملحم ، صعوبات التعلم ، دار المسيرة ، عمان ١٤٢٣هـ/ ٢٠٠٢م

-د. عابد توفيق الهاشمي ، طرق تدريس التربية الإسلامية ، مؤسسة الرسالة بيروت / ١٤٠٦هـ - ١٩٨٥م

-د. ماهر إسماعيل الجعفري وكفاح العسكري ، الفلسفة التربوية والاستراتيجية والأهداف السياسية التربوية في الفرق في الرزمة التدريبية لاختيار مديري المدارس ، وزارة التربية، العراق / ١٩٨٨.

-د. هشام الحسن وشفيق القائد ، تخطيط المنهج وتطويره ، دار صفاء للنشر والتوزيع ط١ ، عمان / ١٩٩٠م.

-محمد عزت عبد الموجود وآخرون ، أساسيات المنهج وتنظيماته ، دار الثقافة للطباعة والنشر القاهرة ، ط١ / ١٩٧٩.

-أحمد صبحي ، الفلسفة الخلقية في الفكر الإسلامي ، دار المعارف بمصر القاهرة (د.ت).

-د. إبراهيم محمد الشافعي وآخرون المنهج المدرسي من منظور جديد ، مكتبة العبيكان، ط١، الرياض، ١٤١٧هـ/١٩٩٦م.

-د. سعدون محمود الساموك و د. هدى علي جواد الشمري ، مناهج التربية الإسلامية وأساليب تطويرها ، دار المناهج ، عمان / ٢٠٠٢م

-محمد هاشم ريان وآخرون ، أساليب تدريس التربية الإسلامية ، منشورات جامعة القدس المفتوحة ، ط١ ، عمان / ١٩٩٦م

-أ. د. توفيق أحمد مرعي و أ. د. محمد الحيلة ، المناهج الحديثة ، مفاهيمها وعناصرها وأسسها وعملياتها ، ط١، دار المسيرة ، عمان / ٢٠٠٠م

-د. نبيل عبد الهادي ، القياس والتقويم التربوي واستخدامه في مجال التدريس الصفي ، دار وائل للنشر، ط٢ عمان / ٢٠٠٠م

- د. عبد الرحمن صالح عبد الله ، المنهج الدراسي ، رؤية إسلامية ط٢ ، دار البشير ، عمان / ٢٠٠١ م.

- د. أحمد عبد الستار الجواري ، نحو التيسير ، مطبعة سلمان الأعظمي بغداد / ١٩٦٢.

- محمد إسماعيل ظافر ويوسف حمادي ، التدريس في اللغة العربية ، دار المريخ للنشر والطباعة ، الرياض / ١٩٨٤.